安徽省文化强省建设专项资金项目
安徽省"十二五"重点出版物出版规划项目
漫画版中国传统社会生活
庄华峰 主编

节日风尚
文化的记忆

王彦章 著

中国科学技术大学出版社

内 容 简 介

岁时节庆活动,是我国古代社会人民物质生产活动与精神生活的产物,同时,它又对人们的社会生活活动起着强化、催化、序化的作用。这些社会生活活动,既因阶层、地域、传统而异,又有共同遵循的礼仪传统、道德规范的约束,呈现出丰富多彩、色彩缤纷的繁盛景象,同时又彰显出昭穆有序、各循其规、各行其礼的特色。

本书介绍了中国传统节日中影响较大的8个节日:春节、元宵节、清明节、端午节、乞巧节、中秋节、重阳节、冬至节。讲述了每个节日悠久的历史、相关的优美传说、丰富多彩的庆祝活动、绚丽夺目的节日服饰、特色鲜明的节日饮食和饶有趣味的风土人情。本书力求深入浅出,语言畅达,力求知识性、思想性和可读性相统一。

图书在版编目(CIP)数据

节日风尚:文化的记忆/王彦章著.—合肥:中国科学技术大学出版社,2020.5

(漫画版中国传统社会生活/庄华峰主编)
安徽省文化强省建设专项资金项目
安徽省"十二五"重点出版物出版规划项目
ISBN 978-7-312-04375-8

Ⅰ.节… Ⅱ.王… Ⅲ.节日—风俗习惯—中国—通俗读物 Ⅳ.K892.1-49

中国版本图书馆CIP数据核字(2018)第055588号

出版	中国科学技术大学出版社 安徽省合肥市金寨路96号,230026 http://press.ustc.edu.cn https://zgkxjsdxcbs.tmall.com
印刷	合肥市宏基印刷有限公司
发行	中国科学技术大学出版社
经销	全国新华书店
开本	880 mm×1230 mm 1/32
印张	8.375
字数	188千
版次	2020年5月第1版
印次	2020年5月第1次印刷
定价	40.00元

总序

中国是世界文明古国之一,在漫长的历史岁月中,她曾经创造出举世闻名的政治、经济、文化、科技文明成果。这些物质文明与精神文明的优秀成果,既是中国古代各族人民在长期生产活动实践和社会生活活动中所形成的诸多智慧创造与技术应用的结晶;同时,这些成果的推广与普及,又作用于人们的日常生产与生活,使之更加丰富多彩,更具科技、文化、艺术的魅力。

中国古代社会生活,不仅内容宏富,绚丽多姿,而且源远流长,传承有序。作为一门学科,中国社会生活史是以中国历史流程中带有宽泛内约意义的社会生活运作事象作为研究内容的,它是历史学的一个重要分支,有助于人们更全面、更形象地认识历史原貌。关于生活史在历史学中的地位,英国著名历史学家哈罗德·铂金曾如是说:"灰姑娘变成了一位公主,即使政治史和经济史不允许她取得独立地位,她也算得上是历史研究中的皇后。"(蔡少卿《再现过去:社会史的理论视野》)

然而这位"皇后"在中国却历尽坎坷,步履维艰。她或为其他学科的绿荫所遮盖,或为时代风暴扬起的尘沙所掩蔽,使得中国社会生活史没有坚实的理论基础,也没有必要的历史资料,对其的整体性研究尤其薄弱,甚至今日提到"生活史"这个词,许多人仍不乏茫然之感。

社会生活史作为历史学的一个分支在中国兴起,虽只是20世纪20年代以来的事,但其萌芽却可追溯至古代。中国古代史学家治史,都十分注意搜集、整理有关社会生活方面的史料。如孔子辑集的《诗经》,采诗以观民风,凡邑聚分布迁移、氏族家族组织、衣食住行、劳动场景、男女恋情婚媾、风尚礼俗等,均有披露。《十三经》中的《礼记》《仪礼》,对古代社会的宗法制、庙制、丧葬制、婚媾、人际交往、穿着时尚、生儿育女、敬老养老、起居仪节等社会生活资料,做了繁缛纳范,可谓是一本贵族立身处世的生活手册。司马迁在《史记·货殖列传》中描述了全国20多个地区的风土人情:临淄地区,"其俗宽缓阔达,而足智。好议论,地重,难动摇,怯于众斗,勇于持刺,故多劫人者";长安地区,"四方辐辏并至而会,地小人众,故其民益玩巧而事末也"。他并非仅仅罗列现象,还力图作出自认为言之成理的说明。如他在解释代北民情为何"慓悍"时说,这里"迫近北夷,师旅亟往,中国委输时有奇羡。其民羯羠不均"。而齐地人民"地重,难动摇"的原因在于这里的自然环境和生产状况是"宜桑麻"耕种。这些出自古人有意无意拾掇下的社会生活史素材,对揭示丰富多彩的历史演进中的外在表象和内在规律,无疑具有积极意义,将其视作有关社会生活研究的有机部分,似也未尝不可。

　　社会生活史作为一门学科,则是伴随着20世纪初社会学的兴起而出现于西方的。开风气之先的是法国的"年鉴学派"。他们主张从人们的日常生活出发,追踪一个社会物质文明的发展过程,进而分析社会的经济生活和结构以及全部社会的精神状态。"年鉴学派"的代表人物雅克·勒维尔在《法国史》一书中指出:重要的社会制度的演变、改革以及革命等历史内容虽然重要,但是,"法国历史从此以后也是耕地形式和家庭结构的历史,食品的历史,梦想和爱情方式的历史"。史学家布罗代尔在其《15 至 18 世纪的物质文明、经济和资本主义》一书中,将第一卷命名为"日常生活的结构",叙述了 15 至 18 世纪世界人口的分布和生长规律,各地居民的日常起居、食品结构以及服饰、技术的发展和货币状况,表明他对社会生活是高度关注的。而历史学家米什列在《法兰西史》一书的序言中则直接对以往历史学的缺陷进行了抨击:第一,在物质方面,它只看到人的出身和地位,看不到地理、气候、食物等因素对人的影响;第二,在精神方面,它只谈君主和政治行为,而忽视了观念、习俗以及民族灵魂的内在作用。"年鉴学派"主张把新的观念和方法引入历史研究领域,其理论不仅震撼了法国史学界,而且深刻影响了整个现代西方史学的发展。

在 20 世纪初"西学东渐"的大潮中,社会生活史研究与方法也被介绍到中国,并迅速蔚成风气,首先呼吁重视社会生活史研究的是梁启超。他在《中国史叙论》中激烈地抨击旧史"不过记述一二有权力者兴亡隆替之事,虽名为史,实不过是帝王家谱",指出:"匹夫匹妇"的"日用饮食之活动",对"一社会、一时代之共同心理、共同习惯"的形成,极具重要意义。为此,他在拟订中国史提纲时,专门列入了"衣食住等状况""货币使用、所有权之保护、救济政策之实施"以及"人口增殖迁转之状况"(梁启超《饮冰室合集·文集》)等社会生活内容,从而开启了中国社会生活史研究的新局面。

在 20 世纪二三十年代,我国史学界的诸多研究者都涉足了中国社会生活史研究领域,分别从社会学、民族学、民俗学、历史学、文化学的角度,对古代社会各阶层人们的物质、精神、民俗、生产、科技、风尚生活的状况进行探究,并取得了丰硕的成果。但这一研究的真正全面展开,却是20世纪80年代以来的事情。在此时期,社会生活史研究这位"皇后"在经历了时代的风风雨雨之后,终于走出"冷宫",重见天日,成为史苑里的一株奇葩,成为近年来中国史学研究繁荣的显著标志。社会生活史研究的复兴,反映了史学思想的巨大变革:一方面,它体现了人的价值日益受到了重视,把"自上而下"看历史变为"自下而上"看历史,这是一种全新的历史观。另一方面,它表明人类文化,不仅是思想的精彩绝伦和文物制度的美好绝妙,而且深深地植根于社会生活之中。如果没有社会生活这片"沃土"的浸润,人类文化将失去生命力。

尽管近年来中国社会生活史的研究取得了长足的发展,但与政治史、制度史、经济史等研究领域相比,其研究还是相对薄弱的。个中原因可能是多方面的,但与人们的治史理念不无关系。

我们一直认为,史学研究应当坚持"三个面向",即面向大众、面向生活、面向社会。"面向大众"就是"眼睛向下看",去关注社会下层的人与事;"面向生活"就是走近社会大众的生活状态,包括生活习惯、社会心理、风俗民情、经济生活等等;"面向社会"则是强调治史者要有现实关怀,史学研究要为经济社会发展提供智力支持。而近年来我总感到,当下的史学研究有时有点像得了"自闭症",常常孤芳自赏,将自己封闭在学术的象牙塔里,抱着"精英阶层"的傲慢,进行着所谓"纯学理性"探究,责难非专业人士对知识的缺失。在这里,我并非否定进行学术性探究的必要性,毕竟探求历史的本真是史学研究的第一要务,而且探求历史的真相,就如同计算圆周率,永无穷期。但是，如果我们的史学研究不能够启迪当世、昭示未来，不能够通过对历史的讲述去构建一种对国家的认同，史学作品不能够成为启迪读者的向导，相反却自顾自地远离公众领域，远离社会大众，使历史成为纯粹精英的历史，成为干瘪的没血没肉的历史，成为冷冰冰的没有温情的历史，自然也就成了人们不愿接近的历史，这样的学术研究还会有生机吗？因此，我觉得我们的史学研究要转向（当然这方面已有许多学者做得很好了），治史者要有人文情怀，要着力打捞下层的历史，多写一些雅俗共赏、有亲和力的著作。总之一句话，我们的史学研究要"接地气"，这样，我们的研究工作才有意义。

2017年1月，中共中央办公厅、国务院办公厅印发的《关于实施中华优秀传统文化传承发展工程的意见》指出："文化是民族的血脉，是人民的精神家园。文化自信是更基本、更深层、更持久的力量。"中华民族优秀传统文化中独特的理念、智慧、气度、神韵，增添了中国人民和中华民族内心深处的自信和自豪。那么，我们坚持"文化自信"的底气在哪里？我想，博大精深的优秀传统文化以及在其基础上的继承和发展，夯实了我们进行文化建设的根基，奠定了我们文化自信的强大底气。正是基于这样的思考，我们编写了"漫画版中国传统社会生活"丛书。

我们编写这套丛书，就是想重拾远逝的文化记忆，呼唤人们对传统社会生活的关注。丛书内容分别涉及饮食、服饰、居住、节庆、礼俗、娱乐等方面。这些生活事象，看似细碎、平凡，却蕴含着丰富的文化和智慧，而且通过世代相传，已渗透到中国人的意识深处。

这是一套雅俗共赏的读物。作者在尊重历史事实，保证科学性、学术性的前提下,用准确简洁、引人入胜的文字并与漫画相结合的艺术手法,把色彩缤纷的社会生活花絮与历史长河中波涛起伏的洪流结合在一起描述,让广大读者通过生动活泼的形式,了解先民生活的方方面面,进而加深对中华民族和中国人的了解。这种了解,是我们创造未来的资源和力量,也是我们坚持文化自信的根基。

庄华峰

2019 年 10 月 12 日

于江城怡墨斋

目录

总序　i

一　春节：爆竹声中一岁除　001

春节的由来及其演变 ·· 002
　　元旦、过年、春节 / 002　　春节的历史发展进程 / 004
春节的习俗及其文化 ·· 006
　　腊八家家煮粥多 / 006　　灶君朝天欲言事 / 009
　　总把新桃换旧符 / 011　　岁旦在迩迎春牌 / 016
　　守岁围炉竟废眠 / 018　　年饭尤数饺子香 / 020
　　百十钱穿彩线长 / 023　　当阶击地雷霆吼 / 025
　　里巷拜年争欲早 / 028　　夫婿远行凭镜听 / 030
春节诗词赏析 ·· 033

二　元宵：火树银花不夜天　037

元宵节的由来及其演变 ·· 038
　　关于灯的传说 / 039　　纪念平息"诸吕之乱" / 039
　　东方朔与元宵姑娘 / 040
元宵节的习俗及其文化 ·· 041
　　月色灯山满帝都 / 041　　市中珍品一时来 / 045
　　正月中旬动地京 / 048　　锣鼓喧天踩高跷 / 053
　　玖盏微灯照岸停 / 055　　羞逐乡人赛紫姑 / 056

如何消得此良辰 / 059　　那人却在灯火阑珊处 / 062
　　元宵节诗词赏析 ··064

三　清明：寒食东风御柳斜　069

　　清明节的由来及其演变 ··070
　　　　清明节与"清明"节气 / 070　　清明节与寒食节 / 071
　　　　清明节与上巳节 / 073
　　清明节的习俗及其文化 ··074
　　　　日暮风吹纸钱白 / 074　　梨花风起正清明 / 077
　　　　夜归儿女笑灯前 / 081　　蹴鞠屡过飞鸟上 / 086
　　　　家家烧笋又烹鲜 / 088
　　清明节诗词赏析 ··092

四　端午：玉粽袭香千舸竞　097

　　端午节的名称 ···098
　　端午节的起源 ···099
　　　　纪念屈原说 / 100　　古越民族图腾祭说 / 102
　　　　恶月恶日禁忌说 / 103　　夏至说 / 105
　　端午节的习俗 ···106
　　　　竞渡深悲千载冤 / 107　　时于粽里见杨梅 / 110
　　　　门外高悬黄纸帖 / 112　　雄黄烧酒过端午 / 115
　　　　良辰更上辟兵缯 / 117　　踏青斗草事青春 / 123
　　　　骑父稚子香囊佩 / 127
　　端午节诗词赏析 ··128

五 乞巧：七夕今宵看碧霄　133

七夕节的由来与变迁 ·· 134
- 美好七夕——冠之多别称 / 134
- 名称来源——何以称"七夕" / 136
- 相卧而看——牵牛织女星 / 137
- 改头换面——"中国情人节" / 140

趣味盎然的七夕风俗 ·· 140
- 穿针乞巧于月下 / 141
- 抛来蛛丝盒中藏 / 144
- 送将水碗丢巧针 / 146
- 亲人围坐吃巧果 / 147
- 女子种生以求子 / 149
- 捏塑供奉磨喝乐 / 150
- 咸怀私愿拜织女 / 152
- 男子庙中拜魁星 / 153
- 晒书翻经结善缘 / 154

乞巧节诗词赏析 ·· 156

六 中秋：八月十五夜玩月　161

中秋节的由来与演变 ·· 162
- 古时何来中秋说 / 163
- 中秋别称亦纷呈 / 164
- 源远流长话中秋 / 165

中秋节的习俗文化 ·· 168
- 焚香素服以祭月 / 169
- 文人赏月爱风雅 / 176
- 中秋食俗吃月饼 / 178
- 花灯百对走儿童 / 180
- 闹市盛大舞火龙 / 180
- 姊妹结伴走月亮 / 181

中秋节诗词赏析 ·· 182

七 重阳：九九佳节又重阳 187

重阳节的前世今生……………………………………………………188
重阳节的习俗………………………………………………………195
  登高饮宴话九天 / 195 赏饮簪食菊群芳 / 200
  被除辟恶茱萸香 / 207 食糕寓意步高升 / 211
  鸢飞驰猎踏秋怡 / 215
重阳节诗词赏析……………………………………………………217

八 冬至：冬至阳生春又来 221

冬至节溯源…………………………………………………………222
冬至节的习俗演变…………………………………………………226
  敬天祭祖拜神祇 / 226 测日添线动飞灰 / 230
  礼拜尊长献履长 / 233 绝事静息安绵长 / 234
  数九消寒暖初回 / 235 暖食游艺尽消寒 / 241
冬至节诗词赏析……………………………………………………249

参考文献 253

后记 255

 # 春节：
爆竹声中一岁除

在众多的中国传统节日中，最重要、最隆重、最让人期待、持续时间也最长的节日莫过于春节。在春节期间，我国的汉族和大多数少数民族都要举行各种庆祝活动，这些活动大多以祭祀神佛、祭奠祖先、除旧布新、迎喜接福、祈求丰年为主要内容。

春节的由来及其演变

元旦、过年、春节

正月初一是农历一年的第一天,因此也被称为"元旦""元日""元朔"等。中国传统社会一直实行农历纪年。隋代杜台卿在《五烛宝典》中说:"正月为端月,其一日为元日。"正月是一年中的第一个月,因此叫作端月;元旦为一年中的第一天,因此称为元日。北宋王安石曾作《元日》:"爆竹声中一岁除,春风送暖入屠苏。千门万户曈曈日,总把新桃换旧符。"描述的就是当时过新年的热闹景象,道出了元旦的喜气洋洋与大地回春之象。

从历法的角度看,正月初一处于特殊的岁月坐标,是一年的头一天、春季的头一天、正月的头一天,称为"三元",因此备受关注,号称"三元""三朔"。南朝梁宗懔《荆楚岁时记》记载:"正月一日,是三元之日也。"

正月初一往往被称为新年。宋吴自牧《梦粱录》记载:"正月朔日,谓之元旦,俗呼为新年。"民间一般叫作"过年"。年的概念最初的含义来自农业,古时人们把谷的生长周期称为"年"。东汉许慎在《说文解字》中将"年"解释为"谷熟也"。从节俗角度看,它与庄稼的种植及收获的周期有关,而过年则可以理解为传统社会里人们庆祝收获的节日。

年的另一种说法则带有一定的神话色彩。远古时代有一种怪兽,头顶长独角,口似血盆,人们把它叫作"年"。每逢年三十晚上,它便窜出山林,掠食噬人。人们只好备些肉食放在门外,然后把大门关上,躲在家里,直到正月初一早晨,"年"饱餐后扬长而去,人们才开门相见,作揖道喜,互相祝贺。后来人们发现"年"害怕红色和巨大的响声,于是慢慢出现贴对联、放鞭炮等习俗。

大过新年

因为这个时候是冬末春初,所以把这个节日叫作"春节"。春节意味着春天将要来临,万物复苏,草木更新,新的一轮播种和收获季节就要开始。虽然几千年前人们就在过新年,但是使用"春节"这个称号的时间却不长。

1912年,孙中山在南京就任中华民国临时大总统时,下令废除阴历,改用阳历。新历法推行不久后,发现旧历法很难取消,尤其在广大中国农村,没有阴历就无法耕种、收获。1913年,时任内务总长朱启铃向大总统袁世凯提出《定四时节假呈》:"我国旧俗,每年四时令节,即应明文规定,拟请定阴历元旦为春节……凡我国民,都得休息,在公人员,亦准假一日。"从此,以公历1月1日为元旦,农历的正月初一为春节。1949年9月27日,中国人民政治协商会议第一届全体会议依然采用此种做法,即把公历1月1日定为元旦,俗称"阳历年";农历正月初一定为春节,俗称"阴历年"。

春节的历史发展进程

春节是农历新年的岁首,俗称"过年"。在两千多年的历史长河中,中国的新年礼俗经历了萌芽、定型、裂变、转型等发展过程。

先秦时期是新年习俗的萌芽阶段。那时的庆祝活动主要是在一年农事完毕之际,人们为报答神的恩赐而举行的祭祀活动。中国最古老的诗歌总集《诗经》中记载了西周时期旧岁新年交替时的节庆风俗:人们将美酒和羔羊奉献给诸神,以酬谢一年来神的保佑和赐福,并祈求来年风调雨顺、五谷丰登。这时的欢庆活动因各诸侯国采用的历法不一致而没有统一的日子,大致在冬天农闲之际。这是后来新年习俗的雏形。

年节的原型在周代出现,《尚书》有"正月元正"之语。《周礼·大司徒》谓:"正月之吉,始和,布教于邦国、都鄙。"

新年习俗定型于汉代。经过战国和秦朝末年的社会大动荡后,西汉初期推行"休养生息"政策,社会生产得到了恢复和发展,社会秩序比较稳定,人们的生活情趣高涨,一系列节日习俗逐渐形成。《太初历》推行后,历法长期稳定,正月初一作为新年的日期也因此得到确立。这样一来,原来各地区分别在冬末春初不同日子举行的酬神、祭祀和庆祝活动,便逐渐统一在农历正月初一这一天进行。随着社会的发展,从汉朝到南北朝,正月初一过新年的习俗愈演愈烈,燃爆竹、换桃符、饮屠苏酒、守岁阳、游乐赏灯等活动都已出现,春节逐渐演变成为中国第一大节日。

新年习俗在唐代发生裂变。唐朝是经济繁荣、政治昌明的时代,同时也是内外文化交流频繁的时代。新年习俗渐渐从祈报、迷信、禳祸的神秘气氛中解放出来,转变成娱乐型、礼仪型节日。元旦的爆竹不再是驱鬼避邪的手段,而成了欢乐、喜庆的方式;庆祝新年的重点由祭神转向了娱人,转向了人们自己的娱乐游艺、享受生活。可以说,在唐代以后,新年才真正成为普天同庆、万民共度的佳节良辰。

新年习俗到明清时期开始转型。这种转型主要表现在两个方面:一是礼仪性、应酬性逐渐加强。人们在新年相互拜谒,达官贵人或互送名帖,或登门叩拜;平民百姓也讲究"礼尚往来",馈赠礼品,互相拜年。二是游艺性进一步加强。新年期间,耍狮、舞龙、演戏、说书、高跷、旱船等各种娱乐活动丰富多彩。北京人逛庙会,广州人游花市,苏州人听寒山寺钟声……各地游艺活动别具特色,令人眼花缭乱。这时的新年习俗充分吸收了中国的传统文化,成为集中展示中国几千年风土人情的民俗博览会。

春节的习俗及其文化

与春节有关的民俗活动,以正月初一为中心点,向腊月和正月这两个月有所前伸和后延,其后延至元宵节,前伸则至腊八节。民间新年具有丰富的娱乐和喜庆内涵,其中心主题便是围绕着辞旧迎新而展开的,并向祝愿、祝福等内容延伸推进。既有祭祖、拜年、贴春联、饮屠苏、谒亲友等习俗,又有舞龙灯、踩高跷、唱大戏等活动,花样繁多,是一年之中最盛大的节日。

腊八家家煮粥多

腊月最重大的节日是十二月初八,古代称为"腊日",俗称"腊八",被视为春节的前奏。《荆楚岁时记》载:"十二月八日为腊日,击腊鼓驱疫。"

腊八最早源于中国古代的腊祭。中国自古就重视农业,每当农业生活获得丰收时,古人便认为是天地万物诸神助佑的结果,要举行庆祝农业丰收的盛大报谢典礼,称为"腊祭"。腊祭仪式结束以后,人们要进行宴乡活动,用新收获的黍穈做粥,大伙聚餐,欢度佳节。后来的腊祭发展成为以祭祀祖宗为主的节日。从先秦时代起,腊八是用来祭祀祖先和神灵的祭祀仪式,祈求丰收和吉祥,感谢祖先和神灵。除了祭祖敬神活动外,人们还要驱逐疾疫。这项活动来源于古代的傩,即史前时代的医疗方法之一——驱鬼治疾。巫术活动的腊月击鼓驱疫之俗现在湖南新化等地区仍有留存。

煮腊八粥

古代祭祀神与祖先之日,起初安排在冬至后第三个戌日,后来固定在农历十二月初八,又称"腊八"。这一天一般有五祀:祭门神、祭户神、祭灶神、祭井神、祭土地神和宅神。北方农村是日给水井献"腊八粥",这是古代遗风。后来佛教传入中国后,人们借助腊八祭祖与吃粥的民俗,又新增了十二月初八佛祖释迦牟尼成道日的传说故事。这天又为释迦牟尼的"成道节"与腊日融合的日子,寺院僧尼以"腊八粥"供佛,因此在佛教领域被称为"法宝节"。《清嘉录》载:"八日为腊八,居民以菜果入米煮粥,谓之腊八粥;或有馈自僧尼者,名曰佛粥。"南北朝开始固定在腊月初八,自此相沿成俗。大约在南北朝时,我国民间受佛教寺院腊月初八吃"七宝五味粥"风习的影响,形成了喝腊八粥的风俗。每逢农历十二月八日,寺院要取香谷和果实等煮成粥糜敬佛,民间也效其法,以消灾除病。

我国关于喝腊八粥的正式记载始于宋代,吴自牧《梦粱录》载:"此月八日,寺院谓之'腊八'。大刹寺等俱设五味粥,名曰'腊八粥'。"腊八粥也叫佛粥。陆游《十二月八日步至西村》载:"今朝佛粥更相馈,反觉江村节物新。"寺院及普通人家皆有腊八粥,用胡桃、松子、乳蕈、柿栗之类为之。民间做腊八粥,以米果做成,品种多者为胜。当时每逢腊八这一天,不论是朝廷、官府、寺院还是黎民百姓家都要做腊八粥。此时,腊八煮粥已经成为民间食俗。

到了清代,喝腊八粥的风俗更加盛行。在宫廷,皇帝、皇后、皇子等都要向文武大臣、侍从宫女赐腊八粥,并向各个寺院发放米、果等供僧侣食用。在民间,家家户户也要做腊八粥,祭祀祖先;合家团聚在一起食用,同时,还在亲友邻里之间互相馈赠,以示祝福。腊八粥熬好之后,要先敬神祭祖;之后要赠送亲友,且一定要在中午之前送出去;最后才是全家人食用。腊八粥若吃了几天还有剩余,就是好兆头,取其"年年有余"的寓意。

《红楼梦》第十九回"情切切良宵花解语,意绵绵静日玉生香"章节里,就写有林子洞里那群耗子精在腊月七日议事并探听到人世准备腊八粥的情状,充满了生活、风土气息。那只受命各处打听的小耗子回报时,说到山下庙里米豆成仓,果品最多,有五种花色:红枣、栗子、花生、菱角和香芋。这反映了佛庙重视腊八粥以及做粥时所要求米果多样的特点。

灶君朝天欲言事

民谚曰："二十三,祭灶官。"腊月二十三叫作"小年",是"大年"的前奏或序曲。小年"祭灶"是我国民间影响很大、流传极广的一项习俗。古时在外做官、经商或读书者,都要在祭灶日前赶回家团圆,吃自家做的祭灶糖果,向灶神祈福,以求来年全家平安。

"灶神"又称"灶君""灶王""灶王爷""东厨司命"等。传说他是玉皇大帝封的"九天东厨司命灶王府君"。灶王爷自上一年的除夕以来就一直留在家中,以保护和监察一家老小的言行,因此被奉为一家之主。传说,祭灶日这天晚上,主管人间善恶的灶君要回天宫禀报。因为这直接关系到来年的风调雨顺和饥寒冷暖,所以,家家户户都要在灶君上天宫前好好款待他,希望灶君多说好话。周处《风土记》则说:"今吴以腊月廿四日夜记。其谓神翌日朝天日一岁事,故前期祷之。"灶王龛大都设在灶房的北面或东面,中间供上灶王爷的神像。没有灶王龛的人家,也有将神像直接贴在墙上的。有的神像只画灶王爷一人,有的则有男女两人,女神像被称为"灶王奶奶"。在灶壁神龛两侧,人们还要贴上"上天言好事,下界保平安"一类的对联,横批一般都是"一家之主",以保佑全家老小的平安。

《东京梦华录》载:"二十四日交年,都人至夜……备酒果送神……以酒糟涂抹灶门,谓之醉司命。"在灶王像前供糖果、清水、料豆和秣草,其中后三样是为灶王升天的坐骑备料,然后将旧像焚之,谓之送灶;除夕又买新灶王画像供上,谓之迎灶。除燃放鞭炮外,还要向设在灶壁神龛中的灶王爷敬香,供上用饴糖和面做成的糖瓜等。宋人祭灶使用一种称为"胶牙饧"的灶糖,用意无非是使灶神上天后向玉皇大帝说些甜言蜜语。也有人说是要让灶神的牙齿被糖粘住,说不出话来。北方常见的灶糖有所谓的"糖瓜",就是麦芽糖沾芝麻做成葫芦或瓜形。另一种"关东糖",是以江米磨粉加饴糖制成的,又硬又脆,可以久存。民间有"男不拜月,女不祭灶"的习俗,因此祭灶王爷只限于男子。由家中最年长的男子带领家中所有的男子,依次叩拜灶君,保佑新的一年全家人幸福安康。

  人们重视"祭灶",看重的是灶王爷的职责,灶王"受一家香火,保一家康泰,察一家善恶,奏一家功过"。不过,这是高贵之家的举动,至于贫困家庭,平素朝不保夕,熬到小年,仍用不起灶糖,心中不免惴惴不安,如此心情在一首歌谣里得到充分表达:"灶王爷,本姓张,一碗凉水三炷香。今年小子过得苦,明年再请您吃糖。""祭灶"时请灶神吃糖,听起来好听,真实的用意是以麦芽制成关东糖把灶神的嘴粘住,防止他见了玉皇大帝后说三道四。清人袁枚的《随园诗话》中收有12岁的谢学墉写的《送灶》一诗,对此做了淋漓尽致的描绘:"忽闻爆竹乱书声,香黍盛盘酒正盈。莫向玉皇言善恶,劝君多食胶牙糖。"吃人家的嘴软,灶君被糖粘住嘴,上天宫后就不能反映真实情况。

  祭灶节实际是中国古代世俗社会秩序的一种反映,表现出普通人对皇帝及其基层官员的恐惧,以及对基层官员贿赂的风气,所谓"瞒上不瞒下",只要把和自己最近的官员贿赂好,皇帝就不会知道自己的所作所为,即使轻微触犯法律也可以逃避惩罚。做糖瓜、祭灶是这一天的主要活动,此后人们在精神上便开始有所放松,随后便进入准备过年的阶段。

祭灶

总把新桃换旧符

　　贴春联与门神的习俗,皆起源于古代的桃符。桃木在很早时就被视为神木。《淮南子·诠言训》载:"羿死于桃。"射日英雄后羿被用桃木做成的大杖击杀而死,群鬼众邪自然对桃木唯恐避之不及。传说东海的度朔山上有棵大桃树,伸展三千余里,其枝东北曰"鬼门",有万鬼出入。树上有神荼、郁垒两兄弟,负责审查、监视这些鬼,看到有恶鬼害人,便用草绳将鬼五花大绑,丢到山里去喂老虎。因此天下的恶鬼都畏惧神荼、郁垒。于是人们在桃木板上刻上神荼、郁垒的名字,认为这样做同样可以镇邪去恶。这种桃木板后来便被称为"桃符",除夕时更换。

最早的春联是五代时期写在桃符上的语句。据《宋史·西蜀孟氏传》记载,后蜀后主孟昶命学士辛寅逊题桃木板,"以其非工,自命笔题云:'新年纳余庆,嘉节号长春'",这是我国的第一副春联。这副对联文字对仗工整,词意娱乐喜庆,已与桃符驱邪祛病的旨趣大相径庭,春联依附于桃符而出现。

卖春联

到了宋代,人们开始在桃木板上写对联,一则不失桃木镇邪的意义,二则表达自己的美好心愿,三则装饰门户以求美观。后来在象征吉祥喜气的红纸上写对联,新春之际贴在门窗两边,用以表达人们祈求来年福运的美好心愿。这样,桃符由桃木板改为纸张。此后春联作为中国一种特殊的民间文化形式,长盛不衰。

明代时,春联已脱离桃符的形式而独立存在,形成了以红纸为载体、书写吉庆语贴在门上的春联习俗。清人钮琇《觚剩续编》记载,明末"吴俗每逢改岁,必更易红签,以吉语书门"。桃符在明代改称"春联",明郑明选《郑侯升集·春联》:"世俗元日作俪语,悬门左右,谓之春联。"春联在明代得以普及和盛行,其后遂风行全国,远播邻邦,至今不衰,成为中华文化瑰宝。

为了祈求一家的福寿康宁,一些地方的人们如今还保留着贴门神的习惯。门神是把守门户、驱逐恶邪的保护神,为历代人们所重视。最早的门神是《山海经》中所记的神荼、郁垒两位神人,即在两块桃木板画上神荼、郁垒的画像,挂在门的两边用来驱鬼避邪。可见,门神的前身也是桃符。有学者考证,门神最初出现于汉代,不过当时的门神是刻在石头和砖块上的。那时门神画的用途也已十分广泛,尤被应用于达官贵人生前的豪宅和死后的墓穴之中。魏晋南北朝时期,神荼与郁垒这两位度朔山上的神人已正式被人们奉为年节门神。门神也由刻石、刻砖转为张贴的纸质画像。南朝梁宗懔《荆楚岁时记》载:正月一日"造桃板著户,谓之仙木。绘二神贴户左右,左神荼,右郁垒,俗谓之门神"。然而,史书真正记载的门神却不是神荼、郁垒,而是古代一位叫作成庆的勇士。班固的《汉书·广川王传》中记载:"广川王(去疾)的殿门上曾画有古勇士成庆的画像,短衣大裤长剑。"

神荼、郁垒

自唐宋以来,钟馗也被人们张贴于门户。宋孟元老《东京梦华录》载:"近岁节,市井皆印卖门神钟馗……"钟馗任门神不久,大概因为他狰狞的形象与春节欢快的气氛不和谐,显得不够庄重,也可能因为人们觉得他一个人把守不住两扇门,很快便被撤换。

钟馗

到了唐代,门神的位置便被秦叔宝和尉迟敬德所取代。清顾禄《清嘉录》云:"夜分易门神,俗画秦叔宝、尉迟敬德之像,彩印于纸,小户贴之。"据说有一天,唐太宗梦见一位将军来向他求救。那位将军说:"我是东海的龙王,玉帝命令我到人间降雨。唉!我去迟了,以致河水干了,土地裂了,全国各地都闹旱灾。玉帝知道后大怒,判我死刑,明天午时由你的大臣魏征监斩。到时候,您如果能想办法让魏征不来,我就能活命。太宗很同情龙王,就答应了他的请求。第二天一大早太宗就叫魏征来陪他下棋,从早上一直下到中午。魏征实在太累了,就打了一个盹儿,谁知他竟然在梦中去监斩了。从此以后,海龙王的冤魂每晚都来找太宗,抱怨他言而无信,日夜在宫外呼号讨命。太宗告知群臣。大将秦叔宝道:"愿同尉迟敬德戎装立门外以待。"太宗答应了。那一夜果然无事。太宗因不忍二将辛苦,遂命巧手丹青,画二将真容贴于门上。仔细

秦琼、尉迟恭

观察,其中一位手执钢鞭,另一位手执铁锏。执鞭者是尉迟敬德,执锏者是秦叔宝即秦琼。这件事传到百姓的耳中,于是纷纷加以效仿,将两人画像贴在门上,贴门神的年俗逐步普及到民间。

岁旦在迩迎春牌

每逢新春佳节,家家户户都要在屋门、墙壁、门楣上贴上大大小小的"福"字。春节贴"福"字是我国由来已久的风俗。宋吴自牧《梦粱录》载:"岁旦在迩,席铺百货,画门神桃符,迎春牌儿……"文中的"迎春牌"即是写在红纸上的"福"字。

贴"福"字也是很有讲究的。民间为了更充分地体现这种向往和祝愿,干脆将"福"字倒过来贴,表示"幸福已到""福气已到"。"福"字倒贴在民间还有一则传说。明太祖朱元璋当年用"福"字作暗记准备杀人。好心的马皇后为消除这场灾祸,令全城大小户人家必须在天明之前都在自家门上贴上一个"福"字。马皇后的旨意自然没人敢违抗,于是家家门上都贴了"福"字。其中有户人家不识字,竟把"福"字贴倒了。第二天,皇帝派人上街查看,发现家家都贴了"福"字,还有一家把"福"字贴倒了。皇帝听了禀报大怒,立即命令御林军把那家满门抄斩。马皇后一看事情不好,忙对朱元璋说:"那家人知道您今日来访,故意把'福'字贴倒了,这不就是'福到'的意思吗?"皇帝一听有道理,便下令放人,一场大祸终于消除了。从此,人们便将"福"字倒贴起来,一求吉利,二为纪念马皇后。所以把"福"字倒贴。"倒"同音"到",谐音"到来"的意思。

还有一个传说,"福"字倒贴的习俗得益于清代恭亲王管家的"将错就错"。有一年元旦,恭亲王府的大管家为讨主子欢心,照例写了许多个"福"字让人贴于库房和王府大门上。没想到有个仆人因不识字,误将大门上的"福"字贴倒了。为此,恭亲王福晋十分恼火。这大管家毕竟见过世面,脑瓜儿灵活,转得快,他立马扑通跪到地上说道:"奴才常听人说亲王福大寿高,如今'福'真的到(倒)了,此乃吉祥之兆啊!"福晋听罢心想,怪不得过往行人都说恭亲王府福到(倒)了,吉语说千遍,金银增万贯,一高兴,便重赏了管家和那个贴倒"福"字的仆人。事后,倒贴"福"字之俗就由达官府第传入百姓人家,并都愿过往行人或顽童念叨几句:"福到了,福到了!"

春节贴"福"字,无论是现在还是过去,都寄托了人们对幸福生活的向往,对美好未来的祝愿。民间为了更充分地体现这种向往和祝愿,干脆将"福"字倒过来贴。民间还有将"福"字精描细做成各种图案的,图案有寿星、寿桃、鲤鱼跳龙门、五谷丰登、龙凤呈祥等。过去民间有"腊月二十四,家家写大字"的说法,"福"字以前多为手写,现在市场、商店中均有出售。

"福"字寓意不凡,一般由德高望重的老人执笔书写。如果是皇帝亲自执笔,意义自然更是非同凡响。清代每年岁末有开笔书"福"之典,溯其缘起,康熙时经常赐给内直近臣。清朝虽然源自关外,大清皇帝们的文学功底却不低。相传康熙皇帝是第一个手书"福"字赏赐大臣的大清皇帝,康熙六年(1667年)冬,赐大臣"福"字,以蒋廷锡丁母忧,特书金笺"福"字赐之,当时被认为是格外的恩典。

到了乾隆朝时,每年都要在重华宫举行书"福"大典,赐"福"之笔刻有"赐福苍生"四字,意为御赐福字,福归天下。自此后世皇帝纷纷效仿,从而使清帝御赐"福"字的习俗成为典制。臣子得到御赐"福"字,并不会贴在门上,而是供起来以光宗耀祖。在乾隆朝当了三十多年尚书的王际华,就有幸得到御赐的二十四幅"福"字,将其装裱悬挂,起名"二十四福堂"。

守岁围炉竟废眠

除夕

除夕是每年农历腊月的最后一天夜晚,它与正月初一首尾相连。《礼记·月令》载:"日穷于次,月穷于纪,星廻于天,数将几终,岁且更始,是为岁之终也。"除夕在古代还有许多雅称,如"除夜""岁除""大年夜""年三十"等。"除夕"中"除"字的本义是"去",引申为"易",即交替;"夕"字的本义是"日暮",引申为"夜晚"。因而"除夕"便含有旧岁至此夕而除,明日即另换新岁的意思。旧岁至此夕而除,来日便是新的一年,故称除夕。宋吴自牧《梦粱录》载:"十二月尽,俗云月穷岁尽之日,谓之除夜。"

"除夕"源于先秦时期的"逐除"。据《吕氏春秋·季冬记》载:古人在新年的前一天用击鼓的方法来驱逐"疫疠之鬼",这就是"除夕"节令的由来。而最早提及"除夕"这一名称的,是西晋名臣周处撰著的史籍《风土记》。我国民间普遍重视此日,它是中国传统节日中非常重要的节日之一,此间的活动都是围绕除旧布新、消灾祈福而展开的。

年夜饭

除夕之前,过年的一切准备业已就绪,包括"去尘秽、净庭户、换门神、挂钟馗、钉桃符、贴春牌"等(宋吴自牧《梦粱录·除夜》),就等年节的到来。在中国古代,人们认为世间万物都由神灵主宰,因此,除夕要祭百神,以致如门、床、井、磨、厕等都要有上香的祭仪。中华民族是一个尊重祖先的民族,除夕家家要悬祖宗影像或置之神位以祭祀。除夕之夜是家庭团聚的重要时刻。西晋人周处《风土记》载:"祭祖竣事,长幼聚饮",即一家人聚在一起,吃一顿丰盛的年夜饭后,或欢叙,或娱乐守夜迎春。吃年夜饭是过年最重要的活动项目。千百年来,赤县神州华夏子孙,过年万业休假,凡离家者,不管公干或是私事,不论路远或是路近,都要在年夜前赶回家,吃团圆饭,过团圆年。除夕之夜人们往往饮用屠苏酒,南朝梁宗懔《荆楚岁时记》载:"于是长幼悉正衣冠,以次拜贺,进椒柏酒,饮桃汤,进屠苏酒……"恰如王安石《元日》所写:"爆竹声中一岁除,春风送暖入屠苏。"

年夜饭

守岁

"岁晚相与馈问"为"馈岁","酒食相邀呼"为"别岁",除夕夜达旦不眠为"守岁"。守岁习俗兴起于南北朝,当时的一些文人撰写了关于守岁的诗文:"一夜连双岁,五更分二年。"西晋周处《风土记》载:"至除夕达旦不眠,谓之守岁。"人们点起蜡烛或油灯通宵守夜,象征着把一切邪瘟病疫照跑驱走,期待新的一年吉祥如意。

守岁俗名"熬年"。为什么称作"熬年"呢?探究这个习俗的来历,民间世世代代流传着这么一个有趣的传说:太古时期,有一种凶猛的怪兽,人们叫它"年"。它样貌狰狞,生性凶残。每到大年三十晚上,年兽就要从海里爬出来伤害人、畜,毁坏田园,降灾于辛苦了一年的人们。算准了年兽肆虐的日期,百姓们便把这可怕的一夜视为关口来熬,称作"年关",并且想出了一整套"过年关"的办法:每到这一天晚上,天不黑就早早关紧大门,熄火净灶,再把鸡圈牛栏全部拴牢,躲在屋里吃"年夜饭"。由于这顿晚餐有凶吉未卜的意味,所以置办得很丰盛,除了要全家老小围坐在一起用餐表示和睦团圆外,还在吃饭前先拜祭祖先,祈求祖先的神灵保佑,平安地度过这一夜。吃过晚饭后,谁都不敢睡觉,挤坐在一起闲聊壮胆,就逐渐形成了除夕熬年守岁的习惯。等年初一早晨年兽不再出来,才敢出门。人们见面互相拱手作揖,祝贺道喜,庆幸没被年兽吃掉。这样过了好多年,没出什么事情,人们才对年兽放松了警惕。

年饭尤数饺子香

清李光庭《乡言解颐》载:"除夕包水饺,谓之煮饽饽,亦犹上元元宵、端阳角黍、中秋月饼之类也。"饺子是古老的汉族传统面食,深受中国广大人民喜爱,是中国北方大部分地区每年春节必吃的年节食品。

饺子在其漫长的发展过程中,名目繁多,明朝末年张自烈做了很好的说明:"水饺饵,即段成式食品,汤中牢丸,或谓之粉角,北人读如矫,因呼饺饵,讹为饺儿。"古时有"牢丸""扁食""饺饵""粉角"等名称。三国时期称作"月牙馄饨",南北朝时期称为"馄饨",唐代称为"偃月形馄饨",宋代称为"角子",元代称为"扁食",清朝则称为"饺子"。

包饺子

饺子起源于东汉时期,为医圣张仲景首创。当时饺子作药用,张仲景用面皮包上一些祛寒的药材(羊肉、胡椒等)用来治病人耳朵的冻疮。三国时期,饺子已经成为一种食品,被称为"月牙馄饨"。据三国魏人张揖著的《广雅》记载,那时已有形如月牙称为"馄饨"的食品,和饺子形状基本类似。

到南北朝时,馄饨"形如偃月,天下通食"。据推测,那时的饺子煮熟以后,不是捞出来单独吃,而是和汤一起盛在碗里混着吃,所以当时的人们把饺子叫"馄饨"。这种吃法在中国的一些地区仍然流行,如河南、陕西等地的人吃饺子,要在汤里放些香菜、葱花、虾皮、韭菜等小料。

大约到了唐代,饺子又称"偃月形馄饨",形状已经变得和如今的饺子几乎一样,而且是捞出来放在盘子里单吃。宋代称饺子为"角儿",它是后世"饺子"一词的词源。

饺子在宋时传入蒙古。饺子在蒙古语中读音类似于"匾(扁)食"。饺子的样式也由原来馅小皮薄变成了馅大皮厚。随着蒙古帝国的征伐,匾(扁)食也传到了世界各地。明人刘若愚的《酌中志》载:"初一日正旦节,吃水果点心,即匾食也。"可见,明代北方地区过年吃匾(扁)食已经取代原来的过年吃圆子、年糕等食物。

清朝时,出现了诸如"饺儿""水点心""煮饽饽"等有关饺子的新称谓。饺子名称的增多,说明其流传的地域在不断扩大,民间春节吃饺子的习俗在明清时期已相当盛行。

饺子一般要在年三十晚上子时(现晚上11点)以前包好,待到半夜子时吃,这时正是农历正月初一的伊始。吃饺子是取新旧交替、更岁交子之意,"饺子"与"交子"谐音,这也是"饺子"名称的由来。又因为白面饺子的形状像银元宝,一盆盆端上桌表达了"新年发大财,元宝滚进来"的美好心愿,所以,吃饺子的习俗一直流传至今。清朝有关史料记载:"元旦子时,盛馔同离,如食扁食,名角子,取其更岁交子之意。"又说:"每年初一,无论贫富贵贱,皆以白面做饺食之,谓之煮饽饽,举国皆然,无不同也。富贵之家,暗以金银小锞藏于饽饽中,以卜顺利,家人食得者,则终岁大吉。"这说明新春佳节人们吃饺子,寓意吉利,以示辞旧迎新。近人徐珂在《清稗类钞》中说:"中有馅,或谓之粉角——而蒸食煎食皆可,以水煮之而有汤叫作水饺。"清人姚元之《竹叶亭杂记》中有:"又新岁,用水煮,若南人所谓饺子,曰煮饽饽。"

百十钱穿彩线长

春节拜年时,长辈要将事先准备好的压岁钱放进红包送给晚辈。《清嘉录》载:"长者贻小儿以朱绳缀百钱,谓之压岁钱。"

在我国历史上,很早就有压岁钱之俗。最早的压岁钱也叫厌胜钱,或叫大压胜钱,这种钱不是市面上流通的货币,而是为了佩带玩赏而专铸成钱币形状的避邪品。这种钱币最早是在汉代出现的。

唐代宫廷里春日散钱之风盛行。当时春节是"立春日",是宫内相互朝拜的日子,民间并没有此俗。《资治通鉴》记载了杨贵妃生子,玄宗亲往视之,喜赐贵妃洗儿金银钱之事。这里说的洗儿钱除了含有贺喜之意外,更重要的是长辈给新生儿避邪去魔的护身符寓意。宋元以后,正月初一取代立春日,称为春节。不少原来属于立春日的风俗也移到了春节。春日散钱的风俗就演变成了给小孩压岁钱的习俗。

相传压岁钱可以压住邪祟,因为"岁"与"祟"谐音,晚辈得到压岁钱就可以平平安安度过一岁。传说古时候有一种身黑手白的小妖,名字叫"祟",每年的年三十夜里出来伤人,它用手在熟睡的孩子头上摸三下,孩子吓得哭起来,然后就发高烧、讲呓语而从此得病。几天后虽热退病去,但聪明机灵的孩子却变成了痴呆疯癫的傻子。人们怕"祟"来害孩子,就点亮灯火团坐不睡,称为"守祟"。因而,人们把这钱叫"压祟钱"。又因"祟"与"岁"谐音,随着岁月的流逝而被称为"压岁钱"了。

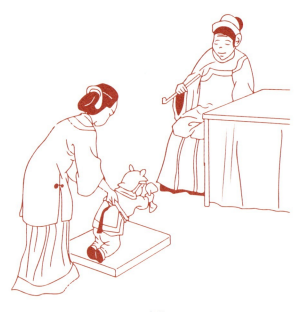

压岁钱

到了明清时,压岁钱大多是用红绳串着赐给孩子的。清富察敦崇《燕京岁时记》是这样记载压岁钱的:"以彩绳穿钱,编作龙形,置于床脚,谓之压岁钱。尊长之赐小儿者,亦谓压岁钱。"曹雪芹《红楼梦》载:"两府男妇小厮丫鬟亦按差役上中下行礼毕,散压岁钱、荷包、金银锞,摆上合欢宴来。"《清嘉录》载:"百十钱穿彩线长,分来角枕自收藏,商量爆竹饧箫价,添得娇儿一夜忙。"清人周宗泰《姑苏竹枝词·压岁钱》载:"搭猱渐觉小儿嗔,年例由渠哪管贫。所得几何回笑脸,争教十万不通神。"

中华民国以后,送压岁钱之俗则演变为用红纸包一百文铜元送给晚辈,其寓意为"长命百岁"。给已经成年的晚辈压岁钱,红纸里包的是一枚大洋,象征着"财源茂盛""一本万利"。货币改为钞票后,家长们喜欢选用号码相连的新钞票赐给孩子们,因为"连"与"年"谐音,预示着后代"年年发财""年年高升"。压岁钱是一种寄托美好祝愿的新年贺礼,要很讲究地装在一个红纸包里,在年夜饭后或新年钟声敲响时由长辈分发给未成年的晚辈们。

当阶击地雷霆吼

爆竹亦称"爆仗""炮仗""鞭炮"。中国民间有"开门爆竹"一说。《清嘉录》载:"岁朝,开门放爆仗三声,云辟疫疠,谓之开门爆仗。"即在新的一年到来之际,家家户户开门的第一件事就是燃放爆竹,以噼里啪啦的爆竹声除旧迎新。《红楼梦》第二十二回中,元妃出了一个谜语,谜面是:"能使妖魔胆尽摧,身如束帛气如雷。一声震得人方恐,回首相看已化灰。贾政说是爆竹,宝玉也表示同意。"

关于过年为什么要放鞭炮,民间流传这也与"年"兽的传说有关。"年"兽因吃人、畜而被天神锁在深山里,只许它除夕夜间出来一次。人们在这天夜里一夜不睡,持刀操棒和它搏斗。后来人们发现"年"这个怪物最怕爆炸的响声,于是就笼起火堆烧烤青竹。竹子受热,爆裂开来,发出噼里啪啦的响声,把"年"吓跑。因为那时还没有发明火药,也没有鞭炮,只好采取这种办法。人们发明火药之后,将硝石、硫磺和木炭等填充在竹筒内燃烧,产生了"爆仗"。到了宋代,民间开始普遍用纸筒和麻茎裹火药编成串做成"编炮"(鞭炮)。

开门炮仗

　　爆竹的这种功能由来已久,至今已有两千多年的历史。在《诗经·小雅·庭燎》中,就有"庭燎之光"的记载。所谓"庭燎"就是用竹竿之类制作的火炬。竹竿燃烧后,竹节里的空气膨胀,竹腔爆裂,爆竹即是在火中燃烧竹子,使其破裂而发出噼啪之声。发出噼噼啪啪的响声,这也即是"爆竹"一词的由来。

传说燃放爆竹可以驱妖除魔,所以每年从除夕之夜起,到处就响起了接连不断的爆竹声。火本有驱兽之功能,爆竹之声则使之更显威猛。可见,爆竹的意义同前文桃符、门神等一样,亦在于驱邪除恶。尽管直到清代放鞭炮仍保留有驱鬼的目的,但在鞭炮声不绝于耳的轰鸣中,也有了热闹气氛和切身体会生命轮回的文化意蕴。

爆竹在元旦这天燃放,见于南朝梁宗懔《荆楚岁时记》,谓:"先于庭前爆竹,以辟山臊恶鬼。"元旦燃放爆竹的习俗,从前引西汉人东方朔之说来看,大概是始于汉代。随着火药的发明,人们又用纸筒代替了竹子,便形成了后来的炮(爆)仗。

直到宋代农村依然保留着燃爆竹竿贺年的习俗。范成大《腊月村田乐府·爆竹行》载:"截筒五尺煨以薪……当阶击地雷霆吼。"而在城市,已流行用纸卷火药、做成筒状、内装引信、点燃而发响的"爆仗"。宋人施宿《嘉泰会稽志》云:"除夕爆竹相同,亦以硫磺作爆药,声尤震惊,谓之爆竹。"宋代除夕放炮仗已十分盛行,这时人们又用药线将炮仗串起,燃放时接连不断,是为"鞭炮"。宋孟元老《东京梦华录·驾登宝津楼诸军呈百戏》云:"蛮牌令数内两人出阵对舞,如击刺之状,一人作奋击之势,一人作僵仆出场,凡五七对,或以枪对牌、剑对牌之类,忽作一声如霹雳,谓之爆仗;则蛮牌者引退。"

放爆竹可以营造出喜庆热闹的气氛,是迎接节日的一种娱乐活动,可以给人们带来欢愉和喜庆。

里巷拜年争欲早

拜年是中国民间的传统习俗。秦汉以来盛行岁首朝贺,其后传至民间,百姓拜年更盛,历代不衰。明陆容在《菽园杂记》中说:"京师元日后,上自朝官,下至市人,往来交错道路者连日,谓之'拜年'。"这既是出于对长者的尊敬和对亲友的热爱,也是一种联络感情、增进友谊的活动。

拜年送名片

"拜年"一词原有的含义是给长者拜贺新年,包括向长者叩头施礼、祝贺新年如意、问候生活安好等内容。若遇有同辈亲友,也要施礼道贺。到宋代,亲朋好友之间会相互送帖致贺,这就是早期的贺年片。宋人孟元老在《东京梦华录》中描写北宋汴京时云:"正月一日年节,开封府放关扑三日,士庶自早互相庆贺。"元欧阳玄《渔家傲》词:"绣毂雕鞍来往闹。闲驰骤,拜年直过烧灯后。"

自明清开始,拜年次序是:首拜天地神祇,次拜祖先真影,再拜高堂尊长,最后全家按次序互拜。对尊长要行大礼,对孩童要给赏赐,平辈间拱手致语。拜亲朋的次序是:初一拜本家;初二、初三拜母舅、姑丈、岳父等,直至十六日。明沈榜《宛署杂记》载:"岁时元旦拜年(晨起当家者,率妻孥,罗拜天地,拜祖祢,作扁食,奉长上为寿)……道上叩头(元旦出游,道逢亲友,即于街上叩头)。"

拜年一般从家里开始。初一早晨,晚辈起床后,要先向长辈拜年,祝福长辈健康长寿,万事如意。长辈受拜以后,要将事先准备好的"压岁钱"分给晚辈。在给家中长辈拜完年以后,人们外出相遇时也要笑容满面地恭贺新年,左右邻居或亲朋好友亦相互登门拜年,或相邀饮酒娱乐。清顾禄《清嘉录》谓:"男女以次拜家长毕,主者率卑幼,出谒邻族戚友,或只遣子弟代贺,谓之拜年。至有终岁不相接者,此时亦互相往拜于门。"趁新年之机亲友相互拜贺,表达祝福,联络感情,团结友好,实是中华民族优良传统。

当时士大夫交游广,若四处登门拜年,既耗费时间,也耗费精力,因此有些关系不大密切的朋友就不亲自前往,而是派仆人拿一种用梅花笺纸裁成的二寸宽、三寸长,上面写有受贺人姓名、住址和恭贺话语的卡片前往代为拜年。明代人们以投谒代替拜年。明人文徵明在《拜年》诗中描述:"不求见面惟通谒,名纸朝来满敝庐;我亦随人投数纸,世情嫌简不嫌虚。"这里所言的"名刺"和"名谒"即是现今贺年卡的起源。明代贺年片设计更加完美、精致,帖上不仅印有送者的姓名、地址,还写上了"新年快乐"等祝福语。大户人家特设"门簿",清顾禄《清嘉录》载:"门首设籍,书姓名,号为'门簿'",用来登记客人的往来和飞帖。为图吉利讨口彩,门簿首页多虚拟"亲到者"四人:一曰寿百龄老太爷,住百岁坊巷;一曰富有余老爷,住元宝街;一曰贵无极大人,住大学士牌楼;一曰福照临老爷,住五福楼。至今的春节赠送贺年片、贺年卡,便是古代互送飞帖的遗风。

寻常百姓家亦是如此,如果亲戚朋友太多,难以登门遍访,便派遣仆人带去名片拜年,称为"飞帖",各家门前贴一红纸袋,上写"接福"二字,即为承放飞帖之用。清顾禄《清嘉录》载:"……琳宫梵宇,亦交相贺岁,或粘红纸袋于门,以接帖,署曰'接福',或曰'代僮'。"

夫婿远行凭镜听

春节的庆祝活动热闹非凡,但清代春节的"镜听"习俗却是要求静的。"镜听"又称"听镜""听响卜""耳卜"等,就是在除夕或岁首的夜晚抱着镜子去偷听路人的无心之言,以此来占卜吉凶祸福。此俗多为女子在元旦之夜,将准备好的勺子放入盛满水的锅中,在祷拜后旋转勺子,然后按照勺柄所指方向抱镜出门偷听,从听到别人说的第一句话中,就可以找到所祈祷之事的答案。清秦嘉谟《月令萃编》记载:"元旦之夕,洒扫置香灯于灶门,注水满铛,置勺于水,虔礼拜祝。拨勺使旋,随柄所指之方,抱镜出门,密听人言,第一句即是卜者之兆。"

除夕镜听

唐代诗人王建曾写《镜听词》一诗,细致地描写了一个女子在除夕夜"镜听"的全过程,具有很浓重的民俗色彩:

> 重重摩挲嫁时镜,夫婿远行凭镜听。
> 回身不遣别人知,人意丁宁镜神圣。
> 怀中收拾双锦带,恐畏街头见惊怪。
> 嗟嗟嚓嚓下堂阶,独自灶前来跪拜。
> 出门愿不闻悲哀,郎在任郎回未回。
> 月明地上人过尽,好语多同皆道来。
> 卷帷上床喜不定,与郎裁衣失翻正。

可中三日得相见,重绣锦囊磨镜面。

在古代的春节,万家团聚之时,有的家庭丈夫远行未归,于是居家的妻子便在除夕或元旦,采用"镜听"的方式,来预测在外的亲人是否平安及何时归来。我们从诗中看到这个女子暗怀妆镜,灶前祈祷,路上偷听。当她听到人们随意说出的吉利语后,欢欢喜喜地回了家,乐得怎么也睡不着,赶忙下床来给丈夫裁制新衣。还许愿说如果丈夫真的三日后回家,她要重新绣一个锦囊,并请工匠磨亮镜面以表示对铜镜的感激之情。"镜听"卜祸福,自然是没有道理的,却反映了古代妇女渴望团圆,渴望过上幸福生活的强烈愿望。

元伊世珍《琅嬛记》载:"镜听咒曰:'并光类俪,终逢协吉。'先觅一古镜,锦囊盛之,独向神灶,勿令人见,双手捧镜。诵咒七遍,出听人言,以定吉凶。又闭目信足走七步,开眼照镜,随其所照,以合人言,无不验也。"清代李渔在《蜃中楼·耳卜》中曾有描写:"生曰:世上人有心事不明,往往于除夕之夜,静听人言以占休咎,谓之耳卜;我与伯腾姻缘未偶,曾约他今晚去听卜。"可见"镜听"这种习俗在清代已经相当普遍。

蒲松龄在《聊斋志异》还详细记载了镜听的故事。山东有户姓郑的人家,家有二子,兄弟二人都是文化人。大郑很早就有了名气,父母偏爱他,因此对大儿媳也好;二郑科场屡次失意,父母就不太喜欢他,也就连带厌恶二儿媳,更是耻于认她作儿媳。这样相比之下,一冷一暖,时间久了兄弟二人心里就有了隔阂。二郑媳妇对丈夫不满,要跟丈夫闹分居。从此二郑发奋努力,专心致志地勤学苦读,也终于有了点名气。父母对他的看法稍有好转,但终究不如对哥哥好。二郑媳妇盼望丈夫显贵的心情特别急切,这一年正好是乡试大比之年,于是在除夕的夜晚,她偷偷用镜听的方法想为丈夫考试占卜吉凶。出门之后,听见有两人互相推搡着闹着玩,说:"你也凉凉去!"二郑媳妇回到家里,左思右想,始终弄不明白这句话是什么意思,有何寓意,后来也就放下这事不再提了。乡试结束以后,兄弟二人都回家了。当时天气很热,两个媳妇在厨房里为忙秋的人做饭,热得很难受。忽然有骑马的人登门来报喜讯,说大儿子考中了举人。郑母连忙跑进厨房对大儿媳喊:"大郑考中了,你可以凉凉去。"二郑媳妇又生气又难过,一边抹泪一边做饭。不一会儿,又有人来报,说二儿子也考中了举人。二郑媳妇一听说,用力扔开擀面杖,立马站起来,说道:"我也凉凉去!"这时她回头一想,发现这不正好应验了镜听占卜的结果嘛!

春节诗词赏析

欢多情未极,赏至莫停杯。
酒中喜桃子,粽里觅杨梅。
帘开风入帐,烛尽炭成灰。
勿疑鬓钗重,为待晓光来。

——徐君倩(《共内人夜坐守岁》)

南朝梁代诗人徐君倩这首诗大约是最早的守岁诗。描写除夕之夜,家人团聚,美酒细斟,春风得意,绵绵夜话到天明的情景。夫妻二人锦衣紫袍,除夕之夜饮酒守岁,为等待东方的第一朵朝霞,又怎会怕头上佩戴的首饰变得沉重!从多个侧面反映了人们在除夕之夜欢乐达旦的情景,等待晓光的喜悦心情,跃然纸上。

> 爆竹声中一岁除,春风送暖入屠苏。
> 千门万户曈曈日,总把新桃换旧符。
>
> ——王安石(《元日》)

此诗是古代迎接新年的即景之作,取材于民间习俗,抓住有代表性的生活细节:点燃爆竹,饮屠苏酒,换新桃符,充分表现出年节的欢乐气氛,富有浓厚的生活气息,可谓吟咏除夕诗的经典。此诗描写新年元日热闹、欢乐和万象更新的动人景象,抒发了作者革新政治的思想感情,充满欢快及积极向上的奋发精神。

> 修鳞半已没,去意谁能遮?
> 况欲系其尾,虽勤知奈何。
> 儿童强不睡,相守夜欢哗。
> 晨鸡且勿唱,更鼓畏添挝。
> 坐久灯烬落,起看北斗斜。
> 明年岂无年?心事恐蹉跎。
>
> ——苏轼(《守岁》)

《馈岁》《别岁》《守岁》构成苏轼"岁晚三首"。《守岁》诗意明白易懂,旨在勉励自己惜时如金。诗人把飞逝的时光比作钻洞的长蛇,年末的最后一天好像剩下的蛇尾,想捉也捉不住了。但诗人并未因此而放弃努力,仍勉励自己,表现了诗人只争朝夕的精神。

> 古传腊月二十四,灶君朝天欲言事。
> 云车风马少留连,家有杯盘丰典祀。
> 猪首烂熟双鱼鲜,豆沙甘松粉饵团。
> 男儿酌献女儿避,酹酒烧钱灶君喜。
> 婢子斗争君莫闻,猫犬触秽君莫嗔。
> 送君醉饱登天门,杓长杓短勿复云,
> 乞取利市归来分!
> ——范成大(《祭灶词》)

该诗写得真实细致,饶有情趣,对当时民间祭灶的习俗作了极其生动的描写。南宋祭灶,不但用酒糟,还用饧即麦芽糖。从宋代起祭灶已是女子的禁忌,甚至连祀后的胙食,女子都不能口染分享,否则便是不祥。故古时有"男不拜月,女不祭灶"的说法。足见古代民风对祭灶的重视以及祭灶时食品的丰盈。

> 腊月风和意已春,时因散策过吾邻。
> 草烟漠漠柴门里,牛迹重重野水滨。
> 多病所须惟药物,差科未动是闲人。
> 今朝佛粥更相馈,更觉江村节物新。
> ——陆游(《十二月八日步至西村》)

该诗反映了南宋时杭州吃腊八粥的风俗。腊八节虽正值严冬,但细心的诗人却处处感受到春光渐近的美好氛围。那时候,腊八粥除了自己吃以外,还作为相互馈赠的礼品,有的人挑着它走村串巷地叫卖,表明吃腊八粥已是当时城乡极为普遍的风俗。

只鸡胶牙糖,典衣供瓣香。
家中无长物,岂独少黄羊!

——鲁迅(《庚子送灶即事》)

鲁迅少年时家道中落,生活日益困难,祭灶时家里虽然尽力准备祭品,但没有黄羊谈不上丰盛。汉宣帝时有个叫阴识的人,曾以黄羊祭灶,受到庇护,成为巨富。鲁迅借此典故说明自己家里贫穷的同时,也讽刺了灶王爷的嫌贫爱富。

元宵：
火树银花不夜天

  解冻的河流,宣泄着冬日凝固的激情；震天的炮仗,炸响了万物复苏的渴望。元夕来啦！美丽的她仿佛是一个千面娃娃。百变的她可以是"情人节",流淌着"月上柳梢头,人约黄昏后"的相思记忆,镌刻着"众里寻他千百度,蓦然回首,那人却在灯火阑珊处"的执着追求。百变的她可以是"农耕节","一年之计在于春",被赋予农耕祝祷和模拟意味的节日活动,开启了新一年的播种与耕作。百变的她还可以是"狂欢节"：美轮美奂的花灯、急若流星的烟火、蜿蜒曲折的彩龙、气氛热烈的旱船、情趣盎然的灯谜、俏皮逗乐的舞狮……

元宵节的由来及其演变

元宵节,又叫上元节。因其日期在正月十五,这一天也叫上元,故名上元节。元宵节的"元"是指上元,"宵"指晚上,是一个以夜间的节俗活动为特色的节日。而夜间的节俗活动主要是放灯、观灯,所以这个节日也叫灯节、灯夕。正月十五,是元宵节的正日子,但其节俗活动的延续时间前错后挪,节期远不止十五天。在唐代,正月十五前后各展一天,为三天;到宋代,变为五天,加上了十三和十八,十三叫试灯,十八叫收灯;到了明代,元宵灯期又增加到了十天,自初八至十七,当时朝廷还要给官员们放十天假。不过,史上最长的节期恐怕要数宋徽宗时期,他"预借元宵",从头年腊月就开始张灯,一直持续四十天。《宣和遗事》记载说:"宣和五年(1123年),(都城)从腊月初一日,直点灯到宣和六年正月十五夜……故谓之预借元宵。"不过,这种近乎胡闹的事情并不多,元宵灯期一般也就三到五天。

关于元宵节的来历,民间流传着一些有趣的故事,从这些故事中我们能够了解中国老百姓的思想、情感、心愿和追求,他们的喜怒哀乐,在节日中体现得最集中、最明显。

关于灯的传说

传说在很久以前的某一天,一只神鸟因迷路而降落人间。一位不知情的猎人以为神鸟会伤害人类,把它给射死了。天帝知道后十分震怒,立即传旨,下令让天兵于正月十五日到人间放火,把人间的人、畜、财产通通烧了。天帝的女儿心地善良,不忍心看百姓无辜受难,就冒着生命危险,偷偷驾着祥云来到人间,把这个消息告诉了人们。众人听说了这个消息,就如同晴天霹雳,吓得不知如何是好。过了好久,才有个老人家出个法子,他说:"在正月十四、十五、十六日这三天,每户人家都在家里张灯结彩、点响爆竹、燃放烟火。这样一来,天帝就会以为人们都被烧死了。"大家听了都点头称是,便分头准备去了。到了正月十五这天晚上,天帝往下一看,发觉人间一片红光,响声震天。连续三个夜晚都是如此,他以为是大火燃烧的火焰,心中非常痛快。

人们利用智慧保住了自己的生命和财产。为了纪念这次成功,从此每到正月十五,家家户户都悬挂灯笼、放烟火、点爆竹来纪念这个日子。

纪念平息"诸吕之乱"

传说元宵节与汉文帝有关。汉高祖刘邦死后,吕后之子刘盈登基为汉惠帝。惠帝生性懦弱,优柔寡断,大权渐渐落到吕后手中。汉惠帝病死后,吕后独揽朝政,把刘氏天下变成了吕氏天下。朝中老臣、刘氏宗室深感愤慨,但都惧怕吕后残暴,因而敢怒不敢言。吕后病死后,诸吕惶惶不安,害怕遭到伤害和排挤。于是在上将军吕禄家中秘密集合,共谋作乱之事,以便彻底夺取刘氏江山。此事传至刘氏宗室齐王刘襄耳中。刘襄为保刘氏江山,决定起兵讨伐诸吕,随即与开国老臣周勃、陈平取得联系,设计除了吕禄,"诸吕之乱"被彻底平定。平乱之后,众臣拥立刘邦的第二个儿子刘恒登基,是为汉文帝。汉文帝深感太平盛世来之不易,便把平息"诸吕之乱"的正月十五,定为与民同乐之日,京城里家家张灯结彩,以示庆祝。

东方朔与元宵姑娘

吃元宵有种说法是和一位"元宵姑娘"有关。汉武帝身边有个宠臣名叫东方朔,为人善良,机智聪慧。一天,东方朔在御花园中遇见一宫女欲投井,赶忙上前搭救,并询问了她自杀的缘由。宫女名叫"元宵",诉说自己入宫之后思念家人,恐日后再也无缘与家人相见,愿一死了之。东方朔听后,深表同情,答应帮助她实现愿望。这天,东方朔在街市上摆了一个占卜摊。前来占卜求卦之人不少,但每人所抽到的都是同一个签语:"正月十六火焚身。"东方朔告诉众人这是玉帝的旨意,令火神在正月十五晚上放火烧城。一时人心惶恐,东方朔出主意让大家找当今天子想办法解决,并赠予自己亲手所写之帖。帖子传至汉武帝之手:"长安在劫,火焚帝阙,十五天火,焰红宵夜。"武帝惊慌,连忙派人请来足智多谋的东方朔。东方朔出主意说:"民间传说火神甚爱汤圆,宫女元宵做的汤圆味道不是很美吗？正月十五晚上可让元宵做汤圆供奉火神，并下令家家户户都效仿，一齐来供奉火神。再传旨十五晚上宫廷内人员一律外出避灾，让百姓在正月十五晚上门口张灯，燃鞭炮，作满城失火之势，定能瞒过玉帝。"武帝认为此意可行，下旨照办。"元宵姑娘"终于见到了家人。于是就有了正月十五吃汤圆的习俗，一直沿袭到今天。

元宵节的习俗及其文化

元宵节是中国民间最为盛大的节日，作为农历新年中第一个月圆之夜，春耕未至，又不再需要遵守春节间繁复的拜年、守岁等礼仪风俗，老百姓的心情最为放松，便在元宵节将最符合自己审美理想的民俗、民间艺术尽情地表现出来。如今，无论在中国的城市还是农村，每逢元宵节依旧会挂出各式奇异的彩灯，结起喜气鲜活的吉祥饰物，吃了元宵、饺子、年糕后，人们从四面八方向广场或祠堂、闹市集聚，在鞭炮以及鼓乐号鸣之中，擎举着龙灯，奔跑着舞狮，戴上大头娃娃等面具，狂欢不已，其参与人数之多，表达感情之奔放，丝毫不逊色于西方的狂欢节。

月色灯山满帝都

元宵节是传统的灯节。每到元宵节，各种花灯高悬街头，显得鲜艳夺目。花灯起源于汉代,盛于唐代,到了宋代遍及民间。隋炀帝时,元宵节期间赏灯活动热闹非常,夜夜笙歌,通宵达旦,赏灯逐渐发展成为元宵节的重要活动。当时火树银花的景象有隋炀帝的诗为参照:"法轮天上转,梵声天上来。灯树千光照,花焰七枝开。"中国人元宵节迎花灯的习俗至今已有两千多年的历史,全国各地种类繁多,灯饰不一。大体上说,花灯上面或绘古代传说故事,如《列国》《三国》《西游记》《封神榜》《红楼梦》《水浒传》《聊斋》《精忠传》《三侠五义》等;或绘花卉,如兰、菊、梅、竹;或绘飞禽走兽,如鸾、凤、龙、虎、虫、鱼等,无不颜色鲜美,妙态传神。花灯通常分为吊灯、座灯、壁灯、提灯几大类,多用竹木、绫绢、明球、玉佩、丝穗、羽

看花灯

毛、贝壳等材料，经彩扎、裱糊、编结、刺绣、雕刻再配以剪纸、书画、诗词等装饰制作而成的综合工艺品，也是我国传统的民间手工艺品。有一些北方地区还会制作美轮美奂、生趣盎然的冰灯，供人们观赏、游乐。

《红楼梦》中也曾描述过元宵花灯节的盛况，不过这种盛况却造成了书中人物英莲悲剧命运的开始。"真是闲处光阴易过，倏忽又是元宵佳节。士隐令家人霍启抱了英莲，去看社火花灯，半夜中，霍启因要小解，便将英莲放在一家门槛上坐着。待他小解完了来抱时，哪有英莲的踪影？"曹雪芹描写"社火花灯"一幕，着墨甚少，但元宵节的热闹非凡仍自然地流露了出来。

灯节习俗最受儿童们欢迎，这种童趣几乎是每个中国人都经历过的。现代的科技发展迅速，如今正月十五日的灯会就是一次大型的工艺美术展示。四川自贡的灯会是一项重要的旅游项目，杭州的西湖灯会、济南的大明湖灯会等都盛极当代。

元宵节，中国民间有"观灯猜谜"的习俗。灯谜又叫灯虎，据传，汉代大将军李广曾有射虎的故事，而灯谜又如虎一样难"射"，所以也叫灯虎。将谜语贴在灯上，供人游赏时猜度，谜底多着眼于文字意义，并有谜格24种，常用的有卷帘、秋千、求凤等格，已形成了一种独特的民俗文化。1979年国庆期间，来自上海、沈阳、长春、温州、厦门、漳州、南通、苏州、南京九个城市的灯谜爱好者在南京举行"全国九城市灯谜会猜"，设有灯谜上万条，三天里参加的人次达两万多。盛大的活动自然也留下了许多情趣盎然的元宵观灯对妙联的奇闻轶事。

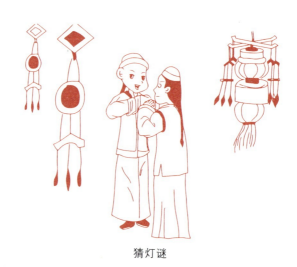

猜灯谜

被称为"父子双学士、老小二宰相"的清代安徽桐城人张英、张廷玉,都能诗善对。有一年元宵佳节,张府照例张灯结彩,燃放鞭炮。老宰相出联试子:"高烧红烛映长天,亮,光铺满地。"小廷玉思索时听到门外一声花炮响,顿时领悟,对曰:"低点花炮震大地,响,气吐冲天。"对仗工整,天衣无缝,堪称妙对。

明清两代是灯谜发展的极盛时期。传说明成祖朱棣于某年元宵节微服出游,遇一秀才,谈得很投机。朱棣出上联试他才情,联云:"灯明月明,灯月长明,大明一统。"那秀才立即对出下联:"君乐民乐,君民同乐,永乐万年。""永乐"是明成祖年号,朱棣大喜,于是赐他为状元。

有一年元宵节,乾隆皇帝不经意在文华殿的一盏大宫灯上看见了一副十分奇怪的灯谜联:"黑不是,白不是,红黄更不是,和狐狸猫狗仿佛,既非家畜,又非野兽;诗也有,词也有,论语中也有,对东西南北模糊,虽是短品,却是妙文。"旁边注明了上下联要求——各打一字。乾隆深思许久,也没能猜出谜底,便转身问身后的纪晓岚:"纪爱卿,你看这是什么?"纪晓岚回答说:"皇上,这是猜谜!"乾隆说:"朕知道这是猜谜,朕现在问你谜底是什么。"纪晓岚仍然回答"是猜谜"。乾隆一听就怒了,脸一沉,正想发作,这纪晓岚倒也知趣,赶紧笑着解释说:"皇上,这谜底就是'猜谜'两字。黑白红黄都不是,便是青,和狐狼猫狗仿佛,非家畜野兽,则是犬旁,反犬旁与青字合起来,是'猜'字;诗词论语都有的是言字,东西南北模糊是迷字,言字与迷字合起来便是'谜'字,上下联合起来,就是'猜谜'两字。"灯谜虽是不登大雅之堂的小玩意,却叫人搔首拈须,岂非妙文耶?其实,这条灯谜原本就是纪晓岚写上去的,见乾隆听得连连点头,趁着高兴说道:"万岁已知是'猜谜'两字,还要面试微臣,意在君臣同乐耳!"乾隆皇帝听着这溜须拍马的话,快慰极了,顿时龙颜大悦。

市中珍品一时来

"卖汤圆,卖汤圆,小二哥的汤圆是圆又圆……"元宵是元宵节最重要的节令食品,吃元宵成为过节仪式。老人们常说:这是中华民族历久传承的习俗。那么,吃元宵这种习俗源于何时呢?传说在春秋末年,楚昭王返国途中路过长江,见一物浮于水面。船夫捞起,献给昭王。其物色白而微黄,剖而食之,其瓤红如胭脂,味道甜美。左右大臣无人能识。昭王遣人请教孔子,孔子说:"此浮苹果也,得之者主复兴之兆。"昭王大喜,因其时为元月望日(正月十五),以后每逢这一天,楚昭王即命人用面仿制浮苹果而成元宵。不过这只是传说,元宵节吃元宵的习俗大约形成于宋代。这种食品,最早叫"浮元子",后称"元宵",生意人还美其名曰"元宝"。元宵即"汤圆",以白糖、玫瑰、芝麻、豆沙、黄桂、核桃仁、果仁、枣泥等为馅,用糯米粉包成圆形,可荤可素,风味各异。可汤煮、油炸、蒸食,有团圆美满之意。北方的汤圆不是包的,而是在糯米粉中"滚"成的,或水煮或油炸,热热火火,团团圆圆。同时,还要吃些应节食物,在南北朝时是吃浇上肉片汤汁的米粥或豆粥。但这项食品主要用来祭祀,还谈不上节日食品。到了唐朝郑望之的《膳夫录》才记载:"汴中节食,上元油锤。"油锤的制法,据《太平广记》引《卢氏杂说》中一则"尚食令"的记载,类似后代的炸元宵,也有人美其名为"油画明珠"。

卖汤圆

唐朝的元宵节食是面茧。王仁裕的《开元天宝遗事》记载:"每岁上元,人造面茧的习俗到宋代仍有遗留,但不同的应节食品则较唐朝更为丰。"吕希哲《岁时杂记》就提道:"京人以绿豆粉为科斗羹,煮糯为丸,糖为醦,谓之圆子盐豉。捻头杂肉煮汤,谓之盐豉,又如人造茧,皆上元节食也。"到南宋时,就有所谓的"乳糖元子"的出现,这应该就是汤圆的前身了。宋代周必大《元宵煮浮圆子》诗云:"星灿乌云里,珠浮浊水中。今夕是何夕,团圆事事同。"到了清朝康熙年间,御膳房特制的"八宝元宵"是名闻朝野的美味。马思远则是当时北京城内制元宵的高手。他制作的滴粉元宵远近驰名。符曾的《上元竹枝词》云:"桂花香馅裹胡桃,江米如珠井水淘。见说马家滴粉好,试灯风里卖元宵。"诗中所咏的就是鼎鼎大名的马家元宵。

元宵节吃汤圆的确是极具特色的食俗,这个食俗到了民国初年却给袁世凯找来了"麻烦"。袁世凯改共和为帝制,自称皇帝。正当正月十五元宵节,北京城内到处都有卖元宵的幌子,"元宵"的叫卖声也不绝于耳。因"元宵"与"袁消"同音,袁世凯及其喽啰们甚觉不妙:"袁消"者,袁世凯消灭也。这个窃国大盗,想起了历代皇帝常常用的避讳方法,密令北京警事厅勒令凡卖"元宵"者,一律改称卖"汤圆"。殊不知"汤圆"这个名称对袁世凯未必有好处,他果然不久就在全国沸腾的热汤中"圆寂"了。当时有位老人景定成在《洪宪杂咏》中写了一首诗:"偏多忌讳触新朝,良夜金吾出禁条。放火电灯都不管,街头莫唱卖元宵。"这里用了两条典故,一是"金吾",指古代维护地方治安的官员,其官名称"执金吾",这里指袁世凯的警务官员;二是"防火点灯",是指古代有个叫田登的地方官,他因自己的名讳令把元宵"放灯"改称"放火",于是有了"只许州官放火,不许百姓点灯"的千古名典。无论是东方朔与元宵姑娘,还是袁世凯强令改元宵为汤圆,只是人民通过食物寄托愿望的表达方式而已。

热滚滚、香喷喷的汤圆看起来都一样,实际上它里面的学问可大了。因为各地的风俗习惯不同,人们的口味有很大的差异,全国各地有不少驰名的风味汤圆。

四川心肺汤圆是四川彭水县的风味小吃,以糯米粉制皮,将豆腐干、冬菜切碎,用猪油炒后制馅,煮熟配上卤熟的猪心、猪肺及多种调味料而成。食用时,再调以葱花、蒜末、花椒粉、辣椒等,鲜香可口。

苏州五色汤圆是江苏苏州传统的地方名点,以糯、粳米粉制皮,包上由鲜肉、玫瑰猪油、豆沙、芝麻、桂花猪油五种材料配制的馅心。汤圆甜咸皆备,是脍炙人口的江南风味小吃。

长沙一家餐馆的著名风味小吃,已有六十多年的历史,由于早期经营这款食品的是姜氏二姐妹,故称为"长沙姐妹汤圆"。其制法是以糯米、大米磨浆,取粉制皮,用枣泥、白糖、桂花做馅。其色泽雪白,晶莹光亮,小巧玲珑,香甜味美。

20世纪初成都简阳人赖源鑫到成都挑担卖汤圆,因其汤圆质好、味美,人们称作"成都赖汤圆"。该汤圆选用上等的糯米粉加水揉匀,包上用芝麻、白糖、化猪油配制的馅心。这种汤圆的特点是香甜滑润,肥而不腻,糯而不黏。

正月中旬动地京

耍龙灯也叫"舞龙""龙灯舞",是我国民间别具特色的一种活动。一条蜿蜒曲折的彩龙,在舞龙者手中快速翻动,极其壮观。现如今，经过民间艺人的不断加工创造，"耍龙灯"已经发展成为一种形式完美、具有相当表演技巧和带有浪漫主义色彩的民间舞蹈艺术，深为广大群众喜闻乐见。

　　耍龙灯起源于人们对龙的崇拜，距今已有两千多年的历史。关于舞龙的来历，民间还有这样一个有趣的传说。一天，龙王因腰痛难忍，吃了龙宫中的所有药物，仍无效果，只好变成老头来到人间求医。大夫摸脉后感觉十分奇异，问道："你不是人吧！"龙王看瞒不过去，只好说出实情，于是龙王变回原形，大夫从它腰间的鳞甲中捉出一条蜈蚣。经过拔毒、敷药，龙王完全康复了。为了答谢治疗之恩，龙王对大夫说："只要照我的样子扎龙舞耍，就能风调雨顺，五谷丰登。"这件事传出后，人们便以为龙能兴云布雨，每逢干旱便舞龙祈雨，并有春舞青龙、夏舞赤龙、秋舞白龙、冬舞黑龙的规矩。虽说这只是一个神话故事，但是我们华夏民族在长期的发展过程中，逐渐创造了"龙"的形象，成为华夏民族的图腾，且我国自古就是以农业为本，农业的丰收离不开风调雨顺，人们认为"龙"可以保证来年的庄稼大丰收，所以人们非常崇拜"龙"，现今人们仍称自己为"龙的传人"。

　　耍龙的时候，少时为一两人，多时达百人舞一大龙，最为普遍的叫"火龙"。舞火龙的时候，常常伴有数十盏云灯相随，并常常在夜里舞，所以舞龙又叫"耍龙灯"。耍龙灯的时候，有几十个大汉举着巨龙在云灯里上下穿行，时而腾起，时而俯冲，变化万千，间或还有鞭炮、焰火，大有腾云驾雾之势。下面簇拥着成百上千狂欢的人们，锣鼓齐鸣，蔚为壮观，好不热闹！

　　舞狮是中国民间传统的娱乐活动，最早起源于三国时期，南北朝时开始流行，至今已有一千多年的历史。北魏文人杨炫之《洛阳伽蓝记》中就有"避邪狮子,引导其前"的描写,可见当时已有舞狮的场面。据传说,它最早是从西域传入的,狮子是文殊菩萨的坐骑,随着佛教传入中国,舞狮子的活动也传入中国。狮子是汉武帝派张骞出使西域时,和孔雀等一同带回来的贡品,而狮舞的技艺却是引自西凉。相传北魏武帝远征甘肃河西,俘虏胡人十万之多。魏武帝把他们囚困边关拓荒三年。一日,武帝巡视禁区,边将设宴款待,并令胡人献舞娱乐。胡人以木雕兽头,两大五小,披兽衣,集八音,武士三十余人,起舞于御前。舞者作欢腾喜悦状,或作低首相怜状,舞技非常美妙。武帝很喜欢,便问胡人这舞叫什么名字?胡人答道:"北魏朝圣,四方匡伏,西凉乐伎,同沾皇恩。"武帝听后龙心大悦,赐名"瑞狮",恩准俘虏回国。自此狮舞便在北方流传开来。

在一千多年的发展过程中,舞狮子形成了南北派两种表演风格。

北派狮舞以表演"舞狮"为主,即魏武帝钦定的北魏"瑞狮"。小狮一人舞,大狮由双人舞,一人站立狮头,一人弯腰舞狮身和狮尾。舞狮人全身披包狮被,下身穿和狮身相同毛色的绿狮裤和金爪蹄穴,人们无法辨认舞狮人的形体,它的外形和真狮极为相似。狮前的"狮子郎"以古代武士装扮,手握旋转绣球,配以京锣、鼓钹,逗引瑞狮。狮子在"狮子郎"的引导下,表演腾翻、扑跌、跳跃、登高、朝拜等技巧,并有走梅花桩、窜桌子、踩滚球等高难度动作。

南派狮舞以表演"文狮"为主,表演时讲究表情,有搔痒、抖毛、舔毛等动作,惟妙惟肖,逗人喜爱,也有难度较大的吐球等技巧。南狮以广东为中心,并风行于港澳及东南亚侨乡。

南狮虽也是双人舞,但舞狮人下身仅披着一块彩色的狮被而舞。和北狮不同的是,"狮子郎"头戴大头佛面具,身穿长袍,腰束彩带,手握葵扇而逗引狮子,以此舞出各种优美的招式,动作滑稽风趣。南狮流派众多,有"鸡公狮""大头狮""鸭嘴狮""麒麟狮"等。

北派舞狮剪纸

古人将狮子当作勇敢和力量的象征,认为它能驱邪镇妖,保佑人、畜平安。所以人们逐渐形成了在元宵节及其他重大活动里舞狮子的习俗,以祈望生活吉祥如意,事事平安。

划旱船是汉族民间舞蹈的一种形式,传说是为了纪念治水有功的大禹。在元宵节庆活动中,它常与龙舞、狮舞等结伴而行,出现于广场和行街队伍之中,一般多表现为劳动或爱情生活。船模仿旧时娶亲船,用竹条、竹篾扎成,外蒙各种彩绸布、彩纸糊盖而成。新郎、新娘乘的是大船,人各一只。还有四至六只小船,作为扮女护送船只。两个艄公,手划木制小桨,为新郎新娘划船。媒婆不坐船,在前面引路或逗新郎、新娘,调节情绪。童男童女和喜客与随亲船翩翩起舞,营造喜悦气氛。划旱船流行于我国很多地区。划"旱船"时,一同使用的伴奏乐器是锣、鼓、钹等打击乐器,有的地方加上一至两支唢呐伴奏,气氛热烈,情绪活跃,具有浓郁的地方风情和节日气氛。

划旱船

锣鼓喧天踩高跷

踩高跷是民间节日里一种在广场表演的舞蹈形式。舞蹈者脚上绑着长木跷进行表演,技艺性强,形式活泼多样。由于踩跷者比一般人高,便于远近观赏,而且流动方便,因此深受群众喜爱。

踩高跷

关于踩高跷还有一个传说。很早以前,天下一连三年大旱,颗粒无收,饿死的黎民百姓成千上万。当朝皇帝听说后,就写了一道圣旨,开仓放粮,并令家有存粮者开仓赈济灾民。

但有一财主存粮百担而一粒不放,非但如此,还拼命抬高粮价,想趁灾荒多搜刮一些钱财。当地有一青年,姓高名跷,天生一副侠义心肠,见财主如此歹毒,决心偷他的粮食救济快饿死的灾民。然而地主粮仓外围尽筑高墙,怎样才能进去呢?一日,高跷上山砍柴,忽见一棵树梢上有一团冬青,而冬青是治冻疮之良药,他决心取下。苦于树高,如何上去呢?寻思再三,见树干上有不少枝枝杈杈,高跷踩踏上去。于是,他悟出枝枝杈杈可作攀沿高墙之用。他砍下两根树丫在山上勤学苦练,终于练就将树丫绑在脚上也可行走自如、蹦跳如飞的本领。此后他日复一日在夜间翻过财主粮仓外的高墙取出粮食救济受饥灾民。终于有一天,高跷被财主众多护卫发现,用绳索将其绊倒,抓获投入监牢。财主扬言待报官府后即行斩首。消息传到乡邻中,大家寻思搭救高跷的良策。一老者建议,全村青壮年学成高跷采树丫的本领,行刑之日营救高跷。数月后,财主耀武扬威地将高跷押赴刑场。谁料,午时三刻未到。场外涌进一大堆踩着树丫的青壮年,把高跷紧紧围在中间,一边与刽子手搏斗,一边掩护高跷逃离刑场。财主见状,气得七窍生烟,但无可奈何。此后,人们为了纪念高跷,即将踩树丫取名为"踩高跷"。

　　高跷就是在刨好的木棒(圆扁形,内扁外圆)中部(扁面)安一支撑点,以便踏脚,然后用布袋绑于腿部。木制高跷高的有七八尺,中高的有三四尺,短的也有尺余。表演者脚踩高跷,可以做舞剑、劈叉、跳凳、过桌子、扭秧歌等动作。在高跷秧歌舞中,扮演的人物有大家熟悉的传奇人物,如八仙过海中的八仙;也有媒婆、傻小子、憨媳妇等滑稽可笑的喜剧人物;还有关公、张飞、吕布、貂蝉、张生、莺莺、红娘、济公、鬼神及渔翁、尼姑、和尚等,大头娃娃也时常出现。表演者在表演时,根据各自的角色,身穿各种不同的服饰,边走边唱边舞,生动活泼,逗人发笑。高跷表演的音乐,有江南丝竹音乐、民歌小调、戏曲唱腔音乐、锣鼓伴奏等。

玖盏微灯照岸停

孔明灯是当今存留下的非物质文化遗产之一,又叫天灯、文灯。它从古代流传至今,种类繁多。其结构可分为主体和支架两个部分,主体大都以竹篾编成,次用棉纸或纸糊成灯罩,底部的支架则以竹削成的篾组成。孔明灯的原理用现代科学来解释非常简单,燃料燃烧使周围空气温度升高,密度减小上升,从而排出孔明灯中原有空气,使自身重力变小,通过空气对它的浮力把它托了起来。

孔明灯相传是由三国时的诸葛孔明所发明,之所以叫孔明灯,一方面是因为做出来的天灯有点像孔明先生所戴的帽子,另一方面与流传的民间传说有关。当年,孔明被司马懿围困,全军上下束手无策,孔明妙计一出,命人拿来白纸千张,糊成无数个天灯,再利用烟雾向上的引力带着它们升空,有一个小小的天灯升起,加上营内的人咋呼着:"诸葛先生坐着天灯突围啦!"司马懿竟然信以为真,被蒙骗了过去,此计救了诸葛先生一命。

其实孔明灯最初并非像今天用来传达美好愿望,在唐代以前,主要是用于军事,特别是用来传达军事讯息,以及探测风向和风速。所以老百姓看到孔明灯的出现,就意味着有战事,因此孔明灯不仅不是祥和的象征,反而是一种凶相,并且孔明灯在中国古代还有一种用途——超度亡灵,是一种慰藉亡魂的工具。

然而,宋代以后孔明灯的角色发生了转变,渐渐由战事的标志转为祈福的象征。宋代国泰民安时,当时称孔明灯为"天灯",每当遇到一些重大节庆或当朝皇帝大寿之时,文武百官和各地百姓也以施放天灯的形式来庆祝,通过表达祝福,从而增添节日的喜庆气氛。由于在宋代视火为国德,并形成了祭大火、拜火神的传统,因此在宫廷里元宵佳节不仅放天灯还要举行盛大的祭火大典,然后用取回来的圣火点燃写有祝福的天灯,并在天神最爱听的乐曲之中,天灯冉冉升起,万众瞩目,共同祝愿江山太平,百姓安康。

传说天灯具有神奇的灵气,只要你将心愿写在天灯上,随着天灯冉冉升向苍穹,凝视天空便能实现心中美好的愿望。人们充满希冀地称它为向上天祈福的"愿望之翼"。随着现代社会物质生活的日益丰富,生活节奏不断加快,许多人有着巨大的精神压力,需要一种全新的心灵慰藉。燃放天灯,放飞梦想,是一种精神消遣,时尚休闲。尤其是在元宵节这天晚上,当天灯在漆黑的夜空灿烂之时,给都市的夜空增添了一道美丽的风景。天灯与新春的第一轮满月交相辉映,承载着希望,普照大地,降福人间。

羞逐乡人赛紫姑

紫姑也叫戚(七)姑,北方多称厕姑、坑三姑。古代民间习俗正月十五要迎厕神紫姑而祭,占卜蚕桑,并占众事。据传,紫姑是唐代民间一位善良、苦命的姑娘,姓何名媚,字丽卿,山东莱阳人。武则天当政时,寿阳刺史李景害死何媚的丈夫并把何媚纳为侍妾,引起李景正妻的忌恨。在正月十五元宵节夜里,李景正妻将何媚秘密杀害于厕所中。何媚冤魂不散,李景上厕所时,常听到啼哭声。后来,此事被武则天听到了,将何媚敕封为"厕神"。

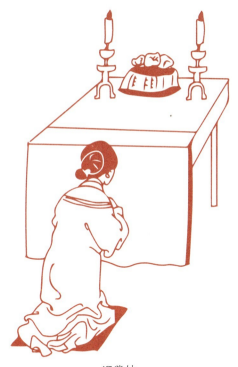

迎紫姑

元宵夜迎紫姑是为了扶乩,这一风俗大约始盛行于唐朝。到了宋代,这一风俗更为流行,苏东坡《子姑神记》云:"衣草木,为妇人,而置箸手中,二小童子扶焉。"至明清,这一风俗则已经较为固定。扶乩的方式,各地有所不同,一般都是在厕所或猪栏边进行,有的是用旧衣服包在扫帚上,并糊以五颜六色的彩纸,用葫芦瓢画成紫姑的头脸。迎紫姑时要念咒语:"子胥(其夫)不在,曹夫人(大妇)已行,小姑可出嬉。"如果扫帚变重,表示紫姑神已经降临,就可以向紫姑卜问能以数字回答的问题了,据说扫帚会点头作答。

在元宵观灯的风俗还没有兴起以前,南朝文学家吴均在《续齐谐记》中记载了这一天是农家祭祀蚕神的日子。后来,随着紫姑神的广泛流传,人们又将祭祀蚕神与拜迎紫姑的活动连在一起,通过接请紫姑来占卜新年蚕事。《荆楚岁时记》这样记载:"正月十五日,其夕迎紫姑,以卜将来蚕桑。"而这种风俗,在养蚕业发达的江浙一带又最为流行。

百里不同风。有的地方,人们认为紫姑神是一个年仅几岁的小姑娘,其职能是管理灶下灰仓的,并称之为"灰紫姑娘"。接请的日期不在正月十五,而在正月十四的晚上。接请灰紫姑娘者,必须是尚未出嫁的大姑娘,男人须回避。据说只有这样,灰紫姑娘才会出来显灵。凡接请的人家,不仅要在腊月廿三送灶时专门用面粉或米粉做一只"谢灶鸡",恭请灶司菩萨享用,而且自正月初一至十四夜接紫姑前,必须保持灶下灰仓的干净。接请、扶乩,整个过程都是静悄悄进行的,据说是因为灰紫姑娘很怕羞。大姑娘先在灶前焚香、点蜡烛,尔后在平摊着一些米的桶盘内插上三炷香,点燃,手托桶盘于灰床上,口念咒语,连念七遍,就将桶盘端开来。站在她身旁的另一人,手中擎个竹淘箩,一并走出来。到堂前,将桶盘置于桌上,在竹淘箩边,悬于桶盘上。接着就问灰紫姑娘的年龄:"灰紫姑娘哎,伊今年几岁哉?"如果淘箩晃动三下,筷子就在米上点三下,意即三岁。如果点五下,则是五岁。据说至少是点三下,最多则不超过七下,灰紫姑娘"回答"了年龄,表明已被接出,问卜能继续。所问内容以蚕事为主,据说"回答"蚕事最灵敏,但许多人也问别的事情。比如,种棉花、麦子的人家,问的就是棉花、麦子的收成。无论问哪样,必须让灰紫姑娘能以数字作答。如问:"灰紫姑娘哎,今年伢个蚕花有儿成好收?"点六下就是六成,点四下即是四成。事情问完后,最后问灰紫姑娘要什么,无关紧要的事也就不问。如果筷子在米上画出一只元宝图,就烧一串纸元宝给她,以示谢意。当然,所画的图案假如不是元宝,想必扶乩者也会认为是元宝的。这是一厢情愿的感谢,而纸元宝早就准备在那里。

如何消得此良辰

中国民间除了各种庆祝活动外,还有信仰类活动,那就是"走百病",又称"烤百病""散百病"。所谓走百病,属于古代元宵节妇女避灾求福的一种民俗活动。清康熙《大兴县志》载:"元宵前后,赏灯夜饮,金吾梦池。民间击太平鼓,走百索,妇女结伴游行过津桥,曰'走百病'。""走百病"在民间是很讲究的,必须是在特定的时间进行,妇女们聚集在一起,或走墙边,或过桥,或走郊外,目的是祛除病灾,这是一种消灾祈求健康的活动。民间普遍认为,在"走百病"时还要"摸钉",方能求吉除疾。"摸钉",是指到寺院烧香,用手触摸庙中大门上的门钉,为什么呢?因"钉"和"丁"字谐音,"丁"又有男人之意,而"门"与"问"字形相近,于是"门钉"就意味"问丁",也就是祈求生儿子的意思,以此祈盼家庭人丁兴旺。抛却习俗不说,妇女们

"走百病"是一种身心解放的活动。旧时,妇女困居闺房,是不能随便出门游走的,尤其是未出阁的姑娘和年轻的少妇们,即便是要到亲朋家做客,也是车载轿抬,"走百病"这种习俗让妇女们获得了短暂的"解放",给了她们一个成群结队出门游玩的借口,使压抑的人性得到了暂时的舒展。

走百病,摸门钉

贵州黄平一带的苗族将正月十五定为"偷菜节"。这天,姑娘们会成群结队地去偷菜,名义上为偷,其实并不怕被菜主人发现,即使被发现,菜主人也不会责怪。偷菜时只能偷白菜,量也无需过多,够一顿就行。姑娘们把偷来的菜汇集在一起,做一顿白菜宴席,无论蒸、炸、煎、烤,反正端上来的都是白菜。吃饭时,姑娘们要一改平时的矜持,要比赛谁吃得多、吃得快。据说吃得越多,越能尽早找到意中人,同时所养的蚕最壮,吐出的丝也最好最多。

这种风俗源于古代的"放偷节"。《魏书·孝静帝纪》载:"四年春正月,禁十五日相偷戏",说明北魏拓跋鲜卑贵族在元宵夜时,相偷戏非常盛行。辽金时期,官府严紧偷盗,一经查获,除依法论罪,还得按所偷东西的价值数倍赔偿。但当时的元宵节却被称为"放偷节",这天,人们毫无顾忌地偷窃,官府不禁止,也不逮捕。

除了偷菜,人们还偷别的东西,比如偷灯。送灯或偷灯以祝愿生子的习俗很早就有,宋朝人认为正月十五的灯盏可以使人生子,若夫妇共同去别人家把灯偷来,放置床下,当月即可怀孕。古时元宵节晚上,家家户户门前都燃一些用豆面捏成的或用水萝卜刻成的灯,有女子婚后三年不育的,元宵节就上街去偷灯吃,一般偷刘姓和戴姓的,"刘"与"留"谐音,"戴"与"带"谐音,其意为"留住孩子""带来孩子",虽是迷信的说法,却也充满喜庆。

偷菜节更是儿童的欢娱节日。月亮出来后,小伙伴们三五成群地边唱边去菜地里偷菜,一边偷一边比对着谁家的蔬菜新鲜、个头大。被偷的人家即使发现也不真意阻拦,只在远处吆喝吓唬几声,孩子们则嬉笑着呼朋唤友:"快跑啊!"嘻嘻哈哈间,快乐也有了,菜也偷来了。回到家里,把偷来的菜做好,给左邻右舍品尝,大家边吃边评论孩子们的厨艺,不知不觉间举行了一场"厨艺大赛"。

那人却在灯火阑珊处

正月十五,人们在观灯、猜谜、吃元宵之余,不会忘了这天还是中国的"情人节"。

"一曲笙歌春如海,千门灯火夜似昼",历代文人墨客赞美元宵花灯的诗句数不胜数。这也注定了元宵节是一个浪漫而诗情的节日,是一个可以在瞬间催生爱情的节日。元宵灯节期间,又是男女青年与情人相会的时机。由于古代的未婚少女平时足不出户,只有元宵节这天才被破例允许结伴出门看灯赏玩,不少多情男女借此物色心上人,擦出爱的火花。因此,元宵节这天也就造就了无数良缘美眷。著名潮剧《陈三五娘》就是以元宵节为背景,讲述陈三邂逅黄五娘的浪漫爱情故事。古戏《春灯谜》中,宇文彦和影娘也是在元宵夜海誓山盟。所以说元宵节也是中国的"情人节"。

唐代的灯市还有乐舞百戏表演,成千上万的宫女、民间少女在灯火下载歌载舞,叫作行歌、踏歌。元宵夜为有情人提供了一个传情达意的渠道,情侣们或密笺赴约,或互赠诗帕,体现的是一种纯洁的男女之情,这种感情含蓄内敛,韵味十足。

成语"破镜重圆"的故事,就是一个与元宵节有关的凄婉爱情绝唱。故事发生在公元9世纪,当时中国北方是强盛的隋政权,南方则并存着好几个小国家,国都在建康(今南京)的陈国就是其中的一个。隋政权对南方的小国家虎视眈眈,随时准备统一整个中国。徐德言是陈国的皇帝陈叔宝的侍从官,他娶了皇帝的妹妹乐昌公主为妻,两人非常恩爱。但当时陈国朝政腐败,徐德言预料到,总有一天国家会遭受灭亡之祸,因此非常忧虑。一天,他愁容满面的对妻子说:"天下大乱的事可能不久就会发生,到时我要保护皇帝,我们夫妻将被迫拆散。但只要我们活着,总会有再次见面的机会。我们应该先留下一件东西,作为将来重见的凭证。"乐昌公主同意丈夫的看法和建议。于是,徐德言取来一面圆形的铜镜,把它一破为二,一半自己留下,一半交给妻子,告诉她好好保存,并对她说:"如果离散后,就在每年正月十五日那天,托人将这半面镜子送到市场上去叫卖。只要我还活着,我一定前去探听,以我的半面镜子为凭,与你团聚。"不久,已经统一中国北方的隋文帝杨坚,果然发兵攻打陈国的国都建康,小小的陈国被消灭,陈国国王被杀,徐德言被迫逃亡。隋文帝奖赏攻打陈国有功的人,被俘获的乐昌公主则被赏给了大臣杨素为妾。流亡的徐德言打听到妻子已到了隋的京都大兴(今陕西西安),便长途跋涉赶到那里,打听妻子的具体下落。每当夜深人静,他总是取出半面镜子,怀念与妻子在一起的美好时光。而他的妻子乐昌公主,虽然在杨素的官府中过着非常奢侈的生活,但内心一直惦记着丈夫,也经常抚摸半面镜子,回忆往事。正月十五日终于来到了。徐德言赶到热闹的市场,看见一个老人以高价出卖半面铜镜子,自然没有人愿意出高价买半面镜子,所以老人就来回在市场上走动。徐德言假装要买老人的镜子,细细查看,果然是妻子的那半块。原来他是杨府的仆人,受乐昌公主的委托来卖镜寻夫的。于是,徐德言写了一首诗,交给仆人带回。诗中写道:"镜与人俱去,镜归人未归。无复嫦娥影,空留明月辉。"意思是,镜子与人都去了,但如今镜子归来而人却没有归来,正好比对月中没有嫦娥的身影,只空留明月的光辉。乐昌公主见到丈夫保存的半面铜镜和诗后,终日哭泣,茶饭不思。杨素知道实情后,非常感动,把徐德言叫来,让他把乐昌公主带回自己的故乡去,还赐给了他许多东西,夫妻终于重新团聚。

元宵节诗词赏析

月色灯山满帝都,香车宝盖隘通衢。
身闲不睹中兴盛,羞逐乡人赛紫姑。

——李商隐(《观灯乐行》)

李商隐是晚唐杰出诗人,他既精熟诗法,又不为诗法所拘。他的小诗《观灯乐行》正体现出这一点,此篇作者因母丧丁忧闲居永乐,不能赴京观赏元宵放灯,于是写下了这首很有感情的小诗。家乡美丽的灯景使人联想到京城元宵之夜那火树银花、千红万紫的奇丽场面。那时人们为了欢度这佳节良宵,倾巷而出,大街小巷挤满了各种华美的车辆,车辇过去,还飘来阵阵浓郁的幽香。在想象中诗人跌回现实,万紫千红、人山人海的灯会,本来是赏心悦目的美好景象,但对别有伤心怀抱的诗人来说,却成了牵动他万千思绪的触媒。李商隐写这首诗时已经33岁,但政治上一直不得志。半生潦倒,浪迹江湖,还不断遭到朋党势力的猜忌和倾轧。诗中流露出作者投闲置散不能施展抱负的惆怅心情。

> 玉漏银壶且莫催,铁关金锁彻明开。
> 谁家见月能闲坐,何处闻灯不看来。
>
> ——崔液(《上元夜》)

崔液的《上元夜》,描写了当时京城长安元宵赏灯的繁华景象。元宵夜尽管解除了宵禁,但长安城的钟鼓楼上,仍旧按时报更;人们听了都嫌时间过得太快,怕不能玩得尽兴,于是说:滴漏箭壶,你不要这样一声比一声紧地催促呀,今夜的城门要一直开到天亮呢!在此太平盛世,应该通宵尽兴。吃完晚饭,打扮一新的人们,迫不及待地早早走出家门,三五成群相邀着、呼唤着、嬉笑着,涌出巷口,融入大街,汇进喧闹欢腾的人流。人们兴高采烈地燃放烟花爆竹,挥舞狮子龙灯,观赏绚丽多彩的烟火,越看越高兴,越玩越兴奋。此诗把人声鼎沸、车水马龙、灯光闪烁、繁花似锦的京城元宵夜景一语道尽。

> 风销焰蜡,露浥烘炉,花市光相射。桂华流瓦。纤云散,耿耿素娥欲下。衣裳淡雅。看楚女、纤腰一把。箫鼓喧,人影参差,满路飘香麝。
> 因念都城放夜。望千门如昼,嬉笑游冶。钿车罗帕。相逢处,自有暗尘随马。年光是也。唯只见、旧情衰谢。清漏移,飞盖归来,从舞休歌罢。
>
> ——周邦彦(《解语花·上元》)

周邦彦的这首《解语花》在咏上元词中占一席之地。这首词中既可见地方上元佳节的热闹,又可领略汴京上元之夜的盛况,风俗描写之细腻,气氛渲染之浓烈,同类词中罕有匹者。起拍以白描的手法,极有层次的描绘元宵之夜的景物。红红的蜡烛在春风中忽闪着。入夜的露水打湿了红色的莲灯。如水的月光,泻落在覆盖屋脊的鳞瓦上,薄薄的云彩消失了,光彩照人的仙女们欲降人间。箫鼓齐鸣,人影攒动,满路清香回溢。这香气来自"衣裳淡雅"的游女,她们像白梅一样,淡雅而清香。如此良辰美景使得词人回忆自己当年在汴京元宵赏月的情景。京城这一天开放夜禁,宫殿的"千门"一律悬灯结彩,远望恍如白昼。市民们喜气洋洋,尽情游赏。欢乐的人群中自然也有歌妓,她们用香罗手帕和游人相招。因为身份特殊,所到之处,自然会引起许多人追赶观看。词人不禁感慨:今年的光景还是一样,唯有旧日的豪情已经衰谢了,夜一深,我就急急把车子赶回家来,歌舞再热闹我也了无心绪。

> 东风夜放花千树。更吹落、星如雨。宝马雕车香满路。凤箫声动,玉壶光转,一夜鱼龙舞。
>
> 蛾儿雪柳黄金缕,笑语盈盈暗香去。众里寻他千百度。蓦然回首,那人却在,灯火阑珊处。
>
> ——辛弃疾(《青玉案·元夕》)

说到宋代元夕观灯的抒情之作,就不能不提及辛弃疾的《青玉案·元夕》了。此词是作者在京师临安(今杭州市)任职时所写。元夕灯会,光彩夺目。那地面上的彩灯,像春风吹开了千树繁花;空中的烟火又像是万斛的星雨纷纷洒落人间。这时候,男的骑着名贵的宝马,妇女乘坐华美的雕车,洋溢着浓烈的衣香,簇拥在长街大路上。他们在乐队起劲伴奏、月轮缓缓移动的氛围里,观赏那个千姿百态接二连三的各色灯群尽情狂舞,一直要闹到通宵达旦。灯海人群中的女子,她们头戴用彩绸或用彩纸制成的蛾儿、雪柳等各种首饰,满腔笑容,低声交谈,从一股醉人的幽香中走了过去。作者似乎要在这绮罗脂粉堆里寻找一位他所属意的可爱姑娘,可找寻千百遍仍不见她,最后猛地一回头,无意中才发现她正在灯火稀落处站着呢!可见他对寻觅已久、心驰神往的对象多么情真意切,这位孤高自赏、安于寂寞的姑娘是谁?据前人解说,这只是个象征性的人物,说她就是作者自我心境的异化,反映作者在火热政治斗争中不肯同流合污的性格。

  一片风流,今夕与谁同乐?月台花馆,慨尘埃漠漠。豪华荡尽,只有青山如洛。钱塘依旧,潮生潮落。
  万点灯光,羞照舞钿歌箔。玉梅消瘦,恨东皇命薄。昭君泪流,手捻琵琶弦索。离愁聊寄,画楼哀角。

——汪元量(《传言玉女·钱塘元夕》)

  汪元量的作品曾有"诗史"之称,他的这首《传言玉女·钱塘元夕》便具有这一性质。汪元量的这首词以其特定的创作背景和历史真实性而有着特殊的价值,其意义已不限于文学。时值元夕,按照惯例,风流天子本该出宫游幸,以示与民同乐,京城百姓亦可尽兴玩乐。但今夜此时,竟无人可与同乐。这一反常现象即给这节日之夜罩上一层特殊的不祥气氛,果然事非寻常。此刻元军正长驱直入,兵临城下,宫中人声鼎沸,物尽含悲。国已将亡,大厦将倾。仍可见万点灯光,可闻笙箫歌舞,但这不过是硬撑场面罢了。华灯之下,人们强颜欢笑,形容枯槁,更见大势已去,末日将临。最后,将要面临的便是仓皇辞庙,离别京城了。一腔离愁,无以表达,寄之于画楼哀角。角声呜咽,有如丧钟,为这亡国前的元夜更增添无限哀愁。这南宋故都最后一幕伤心情景,令人心摧肝裂,永志难忘。全词表达了作者对宋朝国祚已尽,江山即将易姓的深切悲哀。

> 有灯无月不娱人,有月无灯不算春。
> 春到人间人似玉,灯烧月下月如银。
> 满街珠翠游村女,沸地笙歌赛社神。
> 不展芳尊开口笑,如何消得此良辰。
>
> ——唐寅(《元宵》)

唐寅晚年正生活在宦官刘瑾、江彬为非作恶的明武宗正德年间,武宗淫乱无道,宦官专权乱政。唐寅的《元宵》诗就写于此时。元宵之夜常常降雪,难得有晴空皓月出现。有灯无月,那该多扫兴! 有月无灯,虽天气晴和月光如昼,没人制灯提灯,街上门前冷冷清清,当然不算春,对比"无灯""无月""不算春"的荒乱年月,今日之太平该叫人何等的高兴啊! 人心骤暖,愁惊恐怖之情已去,换上了喜笑颜开的面容,穿上美丽的衣裳,提着玲珑辉耀的彩灯,欢庆升平。由于人间春至,灯亮如昼,于是天上的月亮也分外明亮,好像它也在为人间春至在展颜微笑。最引人注目的是妇女又出现在街头,而且还多是穿红戴绿的,出来游赏灯节,她们不再怕皇家抢夺民女了。更热闹的是"笙歌赛社神",简直使大地沸腾。诗人按捺不住激情,用反问的口气问道:"不展芳尊开口笑,如何消得此良辰?"春到人间了,人人笑逐颜开,都要尽情地跳呀、舞呀、吹奏呀、歌唱呀,热热闹闹地度过这个难得的元宵之夜。全诗看似漫不经心,信笔拈来,却又含而不露,当时经历过战乱的人们一读便心领神会。

 清明：
寒食东风御柳斜

"试上吴门窥郡郭,清明几处有新烟。"焚纸祭香,青烟寒食,撒清酒一杯,吟离歌数阙,哀思同寄。三月烟霞,莺飞草长,年年倚井盼归堂,凝固了诗性的华夏传统;秋去冬来,人杳花又别,岁月涟漪,镌刻着遗失的民族印记。

清明节又叫寒食节、上巳节、三月节,还有秋千节、踏青节、鬼节等多个别称,其名称来自气象、物候、民俗,可谓雅俗相共。作为中国特有和特定的传统节日之一,清明节既承载传统文化积淀的生命力,又拥有独特的社会功能;既蕴含传统的文化形式,又寄托新的人文情怀。"小楼一夜听春雨,深巷明朝卖杏花",重拾清明,即是寻觅我们几千年的文化记忆。

清明节的由来及其演变

清明节与"清明"节气

中国汉族传统的清明节大约始于周代,距今已有两千五百多年的历史。作为时序标志的清明节气早已被古人所认识,汉代已有了明确的记载。"清明"一词最早出现在西汉时期的《淮南子·天文训》中:"春分后十五日,斗指乙,则清明风至。""清明风"即"清爽明净之风"。清明是二十四节气之一,在仲春和暮春之交,也就是冬至后的第一百零八天,其与农业生产有着密切的关系。清明一到,气温升高,雨量增多,作为农事节气的清明,标志着万物复苏、春耕时节的到来。所以《岁时百问》中以为"万物生长此时,皆清净明洁,故谓之清明"。故江南有"清明前后,点瓜种豆""植树造林,莫过清明"的农谚,而华北则有"清明早,立夏迟,谷雨种棉正当时"的农谚。

此外,清明时处早春三月,春光明媚,万物复苏,风和日丽,柳绿桃红,生机勃勃的春天真正到来了,清明前后自然成为人们乐于到户外郊野嬉游的美好时光。清明后来逐渐由节气转变为节日,不仅是因为它增加了许多引人注目的文化内涵,更是由于清明节气在时间和天气物候特点上为清明节习俗的形成提供了重要条件。因此,该节气可看作清明节渊源之一。

清明节与寒食节

清明节的前身是"寒食节",虽然现在清明节也叫寒食节,但最早的寒食节是一个单独的节日。南朝时《荆楚岁时记》载:"去冬节一百五日,即有疾风甚雨,谓之寒食,禁火之日。"寒食节在农历三月,清明节的前一两天,又称"冷节""禁烟节"。从先秦到南北朝,寒食节一直都被当作一个很大的节日。

介子推

何谓寒食?就是整天不吃热熟食,只吃冷熟食。古诗有

"未到清明先禁火",为什么清明以前要禁火呢?关于寒食节有这样一种说法。春秋时期,晋公子重耳为逃避迫害而流亡国外。流亡途中,在一处渺无人烟的地方,又累又饿,再也无力站起来。随臣找了半天也找不到一点吃的,正在大家万分焦急之际,介子推走到僻静处,从自己大腿上割下了一块肉,煮了一碗肉汤。重耳喝了汤之后,才渐渐恢复精神。当重耳发现肉是介子推从自己腿上割下来的时候,流下了眼泪。十九年后,重耳做了国君,就是历史上的晋文公。晋文公重重赏赐当初伴随他流亡的功臣,唯独忘了介子推。很多人为介子推鸣不平,劝他面君讨赏。介子推鄙视那些争功讨赏的人,打好行装,悄悄地到绵山隐居去了。晋文公听说后,羞愧莫及,亲自带人去请介子推,然而介子推已离家去了绵山。绵山山高路险,树木茂密,找寻谈何容易。于是有人献计,从三面火烧绵山,逼出介子推。大火烧遍绵山,却没见介子推的身影,火熄后,人们才发现身背老母亲的介子推已坐在一棵老柳树下死了。晋文公见状,恸哭不已。装殓时,从树洞里发现一封血书,上面写道:"割肉奉君尽丹心,但愿主公常清明。"为了纪念介子推,晋文公下令将这一天定为寒食节。第二年晋文公率众臣登山祭奠,发现老柳树死而复活。便赐老柳树为"清明柳",并晓谕天下,把寒食节的后一天定为清明节。

从《东周列国志》上我们可以读到介子推的故事,但是根据《史记》《左传》等记载,历史上的介子推并非死于火焚,其缘故和人们把端午节食粽赛船的习俗同屈原投江的传说联系起来的道理一样,都蕴含了炎黄子孙崇敬先人、不忘根本的民族心态。而暮春禁火在《周礼》上却早有记录,可知寒食节的风俗至少可以追溯到西周初年。多数人认为:寒食断火起源于

"木铎循火禁于国中"的周朝旧制。原来按照周朝旧制,春夏秋冬四季,钻木取火所用的木材是不同的,因此在旧季将结束时,要用新的木材品种重新钻火,在新季开始分发各地。在新旧火交替之际,有一天或几天是没有火的,人们只好吃冷的食物,所以称为"寒食节"。后来在这一时节,禁火成为习俗流传下来。

清明节与上巳节

清明节,又叫踏青节,古人有清明踏青并开展一系列体育活动的习俗,这都与上巳节有关。何为上巳呢?过去纪年纪月纪日用六十花甲,即以天干"甲乙丙丁戊己庚辛壬癸"十字与地支"子丑寅卯辰巳午未申酉戌亥"十二字轮番搭配,以数字方式组成六十个组合形式来纪日纪年。"上巳"就是三月中第一个出现"巳"的日子,因此又叫"上巳"。由于每年的三月上巳日都不固定,后来为了好记,也为图个月、日数字重叠的吉祥,魏晋以后便把上巳节固定在三月初三。从此,上巳节又俗称为"三月三""三月节"。

从先秦到汉代,上巳节的习俗活动有三种:一是到水边举行祭祀仪式,并到水中洗浴,以祓除过去一年中的污渍和秽气,称为"祓"或"禊"。二是招魂蓄魄,在野外或水边召唤亲人亡魂,也召唤自己的魂魄苏醒、回归。先人认为自己的灵魂也如同万物一样随四季的变化经历发芽、成长到凋零的过程,故在初春要招魂。三是春嬉,青年男女到野外踏青游嬉,并自由择偶或交合。

东晋王羲之的《兰亭集序》开头说的"永和九年,岁在癸丑,暮春之初,会于会稽山阴之兰亭,修禊事也",就是记载的那年三月初三,王羲之与四十多位社会名流,在兰亭聚会。人们分别坐在弯弯曲曲的小河旁,以觞盛酒,漂于水上,觞停在谁面前谁就饮酒作诗。后来王羲之乘兴作《兰亭集序》,文采斐然,书法更是气势飘逸,被后世推为"天下第一行书"。

由于上巳节时间与清明邻近,上巳节重郊游踏青的特点也被整合到清明节习俗之中。从唐代以后,清明节逐渐成为一个融合了寒食节与上巳节习俗的重要民俗节日。王维在《寒食城东即事》一诗中说"少年分日作遨游,不用清明兼上巳",成为寒食、清明与上巳三种节日融合为一体的有力佐证。

清明节的习俗及其文化

"千里不同风,百里不同俗。"一年一度的清明节承载着生者对逝者的敬重与思念,跨越着前世沧桑一如既往地前行,如今已在民间演绎出了五花八门的节日习俗,其习俗活动之丰富在中国传统节日中足以和春节一比高下。在祭扫形式和清明饮食上,各地习俗不尽相同,有着鲜明的地域特色……不知道从何时起,清明节不只是扫墓、祭奠,也不只是烧纸、吃冷食,不同地域的人们赋予了它更丰富的内涵……

日暮风吹纸钱白

祭祖作为祖先崇拜意识的反映,是以血缘关系为基础的,它在氏族社会就已出现。进入奴隶社会以后,祭祖的活动仍然盛行不衰。我国人民有"饮水思源,慎终追远"的传统美德。然古人究竟用什么方式纪念祖先呢?这中间有着复杂的演变过程。

大概在商周时期,贵族祭祖在宗庙进行。普通民众无宗庙,只能在家中祭祖。到了汉代,就出现了祠堂。在很长一段时间,祠堂都是家族祭祀的主要场所。除了在宗庙、祠堂和家中祭祀祖先之外,到墓地上祭祀祖先的做法,也是由来已久的。《孟子·离娄下》记载了一则著名的寓言《齐人有一妻一妾》,说有个齐人总是到东郊的墓地里去向扫墓的人乞讨酒食,回来还要在妻妾面前夸口。从中我们不难看出,至迟在春秋战国时期已有扫墓风俗。到唐代,清明已经成为扫墓法定之日。据《旧唐书》记载:"寒食上墓,礼往无文,近代相沿,寖以成俗,士庶之家,宜许上墓,编为五礼,永为常式。"为什么要祭祀扫墓呢?中国是最重"孝"的国家,而"孝"包括在亲人生前的孝顺和死后对其的缅怀与祭祀。

然而扫墓是否非要放在清明节不可呢?那倒未必。事实上有一些地区是在冬至、除夕扫墓的。但大多数人还是愿意选择在清明节扫墓,这恐怕就与此时的气候条件相关了。毕竟墓地大多在郊外,城里人扫墓也得选个风和日丽的日子,清明节正好具备了这些条件。同时大概因为寒去春来,万物萌生,人们想起了先人的坟茔,会否因雨季来临而塌陷,狐兔是否在穿穴打洞,所以要去亲临察看。一方面清除杂草,给坟上添几锹土;另一方面,准备一些祭品,烧几张纸钱,在树枝上挂些纸条,进行简单的祭祀仪式,以表示对死者的怀念。于是,有唐诗云:"南北山头多墓田,清明祭扫各纷然。纸灰飞作白蝴蝶,泪血染成红杜鹃。"这确实是清明节祭祀扫墓的真实写照。于是,一时间四野如市,香烟缭绕,纸蝶翻飞。可见,清明节扫墓是慎终追远、敦亲睦族及行孝的具体表现,是以缅怀和感恩为主题的祭扫节日。

清明祭祖

海南人清明祭祖时,有吟诵祖训族规的民族传统。海南汉族人均为中原移民,唐以前约有两万汉族人迁居海南,宋代迁入约十万人,清代激增至两百多万人。入琼的姓氏约一百多个,入琼始祖约三百多人。为了纪念入琼始祖,后人纷纷在各地建立"祖庙",多在清明之际举行祭祀活动。这些祭祀活动中,往往有八音伴奏,念唱祭文,追颂入琼始祖功德。

河北的上坟烧纸钱讲究"早清明、晚十一(农历鬼节)"。

扫墓烧纸钱在清明前一周就开始了,而清明节当天已经很少有人去扫墓了。冀南地区则选择在清明节的前一天寒食节扫墓。

台湾地区的清明节是从前一年冬至开始算起的第一百零五天,台湾地区的漳州籍人清明节则是在农历三月初三。台湾地区的清明节习俗和闽南差不多,台湾地区的客家人祭祖扫墓的时间是从元宵节过后便开始,日期由每家自定,一直到清明为止。

历史上,四川都江堰每年农历三月的清明节都要举行隆重的放水大典,以预祝当年农业丰收。都江堰的水利工程是成都平原的生命线,因此每年春耕前的放水被当地居民视为神圣的节日。届时,地方官员要亲自主持放水仪式,举行盛大的庆典活动。当地群众也自发地组织到二王庙祭祀李冰父子,举行二王庙庙会,又称清明会。近年来,都江堰市政府改民间传统的清明会为政府主办的放水节。届时由身着古装的水利官员、仪仗队伍表演放水节的全过程,此间有民间歌舞表演,场面引人入胜。

梨花风起正清明

"梨花风气正清明,游子寻春半出城。日暮笙歌收拾去,万株杨柳属流莺。"这首广为流传的清明诗,道出的是人们郊游踏春、融入自然的轻松与惬意。清明时节,万物更新,春意盎然,人们都会选择在这个时节相约出游。踏青又叫春游,古时还叫"探春""寻春"。所以有的地方还将清明节称为"踏青节"。

踏青在三月,最初本来没有确定的日子,而是在相对确定的上巳日,即农历三月的第一个巳日。当时从信仰角度作出的解释,是"上巳修禊",即临水洗濯祓除,所以上巳以及后来三月三日也叫"修禊日"。《后汉书·礼仪志》云:"是月(三月)上巳,官民皆洁于东流上,曰洗濯祓除,去宿垢病,为大洁。"到魏晋时期,上巳节固定在了三月初三。又由于清明和上巳、三月节日期相近,后世的踏青之举便以三月三和清明为节期了。

《武林旧事》记载:"清明前后十日,城中士女艳装饰,金翠琛璃,接踵联肩,翩翩游赏,画楼箫鼓,终日不绝。"名画《虢国夫人游春图》画的就是当时清明节踏青春游的情境。清明踏青的习俗在民间流传已久,杜甫《丽人行》也写道:"三月三日天气新,长安水边多丽人。"这样一个弛禁的日子,就像许多古代爱情故事以元宵为背景一样,踏青也是酿造爱情故事的土壤。戏曲《人面桃花》的故事就发生在清明节春游时,说的是唐德宗时诗人崔护,风流倜傥,清明踏青独游一村户,见花木丛翠,寂无人声。他因口渴,叩门求茶。良久,有一女子来到门前,捧杯让座,女子独倚门前,姿态楚楚动人。两人凝睇相对,似有无限深情。当时男女授受不亲,礼教约束甚严,一男一女能如此单独相对,已属机遇难得。崔护临行时,女子送到门外,似有恋恋不舍之意。第二年清明节,崔护追忆往事,情不可遏,又去探访,唯见门庭如故,桃花依旧,然而门上挂了一把锁,空空无人,惆怅之余,挥笔在门上写了这首诗:"去年今日此门中,人面桃花相映红。人面不知何处去,桃花依旧笑春风。"这则故事从一个侧面反映了唐时清明春游之盛。

古时还有"踏青挑荠"的习惯,这种习俗在不少地方直到现在仍可以看到。每到清明前后,就有姑娘、妇女出门踏青,摘上一些鲜嫩青翠的野荠菜,回家包饺子、馄饨,做成各种菜蔬圆子,其味清香可口,饶有风情。民间有种说法:"三月三,荠菜花赛牡丹,女人不插无钱用,女人一插米满仓。"有的妇女不仅喜爱在发髻上插些白色的小荠菜花,还会将采来的荠菜花供奉在家里的堂屋里,或者放在灶台上,据说这种小白花还可以驱逐蚁虫呢!

俗话说:"有心栽花花不发,无心插柳柳成荫。"柳条插土就活,插到哪里,活到哪里,年年插柳,处处成荫。清明节人人都要戴柳,家家户户门口插柳枝。这个习俗究竟从何而来呢?

关于清明插柳有个传说,和宋代大词人柳永有关。据说柳永生活放荡,常往来于花街柳巷之中。当时的歌妓无不爱其才华,并以受柳永青睐为荣。但因为生活不轨,柳永一生为仕途所不容,虽中过进士最后却于襄阳因贫困而亡。他的墓葬费用都是仰慕他的歌女集资的。每年清明节,歌女们都到他坟前插柳枝以示纪念,久而久之就成了清明插柳的习俗。其实这个习俗早在唐代就有了,唐人认为三月三在河边祭祀时,头戴柳枝可以摆脱毒虫的伤害。无论是民间传说还是史籍典章的记载,清明节插柳总是与避免疾疫有关。春节气候变暖,各种病菌开始繁殖,人们在医疗条件差的情况下只能寄希望于摇曳的柳枝了。

清明插柳戴柳还有另一种说法:原来中国人以清明、七月半和十月朔为三大鬼节,是百鬼出没讨索之时,人们为了防止鬼的侵扰迫害而插柳戴柳。柳在人们的心目中有辟邪的功用。受佛教的影响,人们认为柳可以祛鬼,而称之为"鬼怖木",观世音菩萨以柳枝沾水济度众生。北魏贾思勰《齐民要术》说:"取柳枝著户上,百鬼不入家。"清明又称"鬼节",值此柳条发芽时节，人们自然纷纷插柳戴柳以辟邪了。

清明插柳、戴柳

汉代人有"折柳赠别"的风俗，因"柳"与"留"谐音，以表示挽留之意。这种习俗最早起源于《诗经·小雅·采薇》里"昔我往矣，杨柳依依"，用离别赠柳来表示难分难离、不忍相别、恋恋不舍的心意。杨柳是春天的标志，在春天中摇曳的杨柳，总是给人以欣欣向荣之感。"折柳赠别"就蕴含着"春常在"的祝愿。古人送行折柳相送，也寓意亲人离别去他乡，正如离枝的柳条，希望他到新的地方，能很快地生根发芽，好像柳枝随处可活。这是一种对友人的美好祝愿。

其实，柳在人们的心目中是生命的象征。无论插柳在屋檐下还是门户上，那青青的颜色确实为清明时仍然略感萧条的生活增添了几分春意和生机；无论戴柳于颈项间还是头发上，那青青的颜色也确实让佩戴者多了几分活泼与生动，因而也显得年轻起来。或许在许多现代人看来，"清明不戴柳，红颜成皓首""清明不戴柳，来世变猪狗"等民谚，不过是让人们遵循习俗的劝语，多少有点吓唬人的味道，甚至视为无稽之谈，但对于那些认真用自己的行为去实践节俗的人来说，他们的清明节生活真的因为插柳戴柳而多了些情趣，多了些快乐，他们也因此多了些对美好未来的憧憬。

值得一提的是，我国一些地方还流行清明节插戴其他种类植物的习俗。比如，天津宝坻一带，多戴松枝；在山西万泉，人们戴麦苗和柏树叶；在江苏苏州，人们习惯于门上插桃树枝；在浙江，各地小孩有头戴柳枝花草的习俗，俗信头戴葱头则聪明，戴豆花能明目，戴柳枝有好娘舅，戴黄杨有好爹娘，戴香荠有好兄弟，戴艾叶能消灾。而衢州未婚女子多头戴柳枝和竹叶，认为这样能嫁个好丈夫。在海南，妇女簪石榴花，认为可以避免害眼。有些地方不用柳主要是因为柳不易得，不得不用他物来替代。其实不管插戴的是什么，它都蕴含着人们对平安健康生活和美好幸福未来的殷切期待。

夜归儿女笑灯前

放风筝

风筝又名"纸鸢"，在我国有悠久的历史。早在两千多年前的春秋时期,著名的匠师鲁班就曾制作木鸢,放于空中,三个月都不降落下来。唐代以后,木鸢才逐渐被纸鸢所代替。五代时,李邺在纸鸢上装竹笛,置丝鞭,风吹竹笛,发出动听悦耳的声音,很像"筝"的声音,因此纸鸢又叫"风筝"。到清代,放风筝之风更加盛行。潘荣陛在《帝京岁时纪胜》中说:"清明扫墓,倾城男女各携纸鸢线轴,祭扫毕,即于坟前释放较胜。"清代画家吴友如画《清明时节放风筝》并题诗云:"只凭风力健,不假羽毛丰。红线凌空去,青云有路通。"《红楼梦》的作者曹雪芹对风筝很有研究,曾以制作风筝换钱糊口。他写了一本关于制作风筝的书,名字叫《南鹞北鸢考工记》,书中记载了几十种风筝的扎、糊、绘、放的工艺,这对于我们现在制作风筝很有借鉴意义。

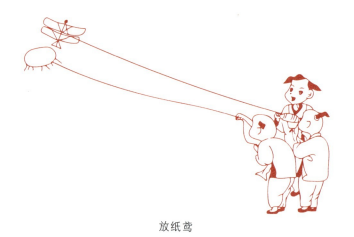

放纸鸢

风筝不仅是一种有益于身体健康的娱乐玩具,古人还用它来传递信息,应用于军事。相传刘邦和项羽作战时,韩信曾放起一只风筝,根据线长来估测未央宫的距离,从而确定方位,开凿隧道,攻破未央宫。韩信把项羽的兵围困垓下时,用一风筝载着一位重量很轻的人在垓下上空唱凄凉婉转的楚歌,触动了楚兵的相思之情,军心大乱,士气低落,最后一败涂地。

每逢清明时节,人们不仅白天放风筝,夜间也放。夜里在风筝下或风筝拉线上挂上一串串彩色的小灯笼,像闪烁的明星,被称为"神灯"。南宋周密《武林旧事》载:都城临安(今杭州)中的富贵人家自元宵节后就争先恐后地进行郊游了,美其名曰"探春"。探春的活动在寒食清明节最为繁盛。此时西湖断桥之上,常有年轻人竞相放飞风筝。他们让各自的风筝缠绕在一起,以风筝线先断后断定输赢。清朝时同样习惯于清明节放风筝,乾隆皇帝作过一首《仲春郊行》,明言"儿童却爱清明节,未破花朝放纸鸢"。有的人还把风筝放上蓝天后,便剪断牵线,任凭清风把它们送往天涯海角,据说这样能除病消灾,给自己带来好运。

在古代,放风筝不但是一种游艺活动,而且是一种巫术行为。他们认为放风筝可以放走自己的秽气。《红楼梦》中有这样一段描写:林黛玉不忍将制作精巧的风筝放掉,李纨劝她:"放风筝图的就是这一乐,所以叫放晦气,你该多放些,把病根儿带去就好了"。而当紫鹃要去拾断了线的无主风筝时,探春又劝阻说:"拾人走了的,也不嫌个忌讳?"可见古时放风筝是人们消灾祛难的手段,所以不能去拾别人的风筝,以免沾上别人的晦气。也有人在放风筝时,把所有的烦恼写在纸上,让它随风筝飞上蓝天,认为一切烦恼都会随风而去。风筝传至今日,这层意思已经淡化,变成了一项人们喜爱的娱乐活动。每当清明时节,五彩缤纷的风筝在蓝天白云里随风摇曳,令人心旷神怡。我国山东潍坊自1984年4月创办首届潍坊国际风筝节以来,许多潍坊风筝已飞向了世界各地。

荡秋千

荡秋千是清明节古老的游乐民俗之一。早在远古时代,人们是为了获得高处的食物,在攀登中创造了荡秋千的活动。最早称之为"千秋",传说为春秋时代北方的山戎民族所创。后来,齐桓公北征山戎族,把"千秋"带入中原。至汉武帝时,宫中以"千秋"为祝寿之词,取"千秋万寿"之意,以后为避忌讳,将"千秋"两字倒转为"秋千"。秋千开始仅是一根绳子,双手抓绳而荡;后逐渐演化成两根绳加踏板。到了唐宋时,秋千成为专供妇女玩耍的游戏。打秋千时,人在空中荡来荡去,

女子打秋千

翩翩若飞,很有趣味。据《开元天宝遗事》记载:"宫中至寒食节,竞竖秋千,令妃嫔辈笑以为宴乐,帝呼之为半仙之戏。"意思是说,宫女们在空中飘来飘去,简直就像半个神仙一样,此比喻可谓名副其实。试想,在红花绿丛之间立一秋千,上面亭亭玉立着一位玉貌佳人,红粉绿袖,随风飘荡,凌空飞舞,不正是宛若一位姿态美丽的仙女吗?

此外,因秋千是中国古代寒食、清明节代表性的游戏之一,故也成为寒食、清明诗歌的典型意象。它一方面联结着春景的美好和青春的快乐,另一方面又引发了人生的感伤和悲愁情怀。由于寒食、清明已至暮春,秋千的出现意味着春天行将结束,它便牵动了人们的惜春伤春情怀。李商隐《评事翁寄赐饧粥走笔为答》写秋千与老去的春天一样,成了感伤的回忆:"粥香饧白杏花天,省对流莺坐绮筵。今日寄来春已老,凤楼迢递忆秋千。"秋千之戏,一直到近现代的北方仍然存在。每当春季天暖之时,孩子们就来到野外,找两棵平行而相距适度的树,把牛毛绳或麻绳的两头拴在树上,人坐在绳子上,以人推送,来回飘荡;或者足可点地者,自己借力荡起来。胆子大一些的,则站立在绳子上。女孩子们体轻,荡得高些,再加轻飘的花衣裳,煞是好看。

斗鸡

古代清明节还盛行斗鸡游戏。斗鸡由清明开始,一直斗到夏至为止。我国斗鸡习俗历史悠久,斗鸡之戏经久不衰。寒食节斗鸡大约起自隋代,而唐朝无疑是斗鸡活动乃至斗鸡者的黄金时代,当时流行一首《神鸡童谣》说道:"生儿不用识文字,斗鸡走马胜读书。贾家小儿年十三,富贵荣华代不如。

能令金距期胜负,白罗绣衫随软舆。父死长安千里外,差夫治道挽丧车。"童谣自然是充满了讽刺意味,要表达的也是对"斗鸡走马胜读书"现实的强烈不满,但贾家小儿受到的高贵待遇恰恰反映了斗鸡者的飞黄腾达、斗鸡活动的炫极一时。这个贾家小儿,就是《东城老父传》的传主贾昌。

正是斗鸡时那种激烈的场面让人陷入了物我两忘、眼里只有斗鸡的痴迷状态。在这种状态下,人们呐喊惊叫,为自己的斗鸡加油助威,那日常积压的郁闷与烦恼由此得以发泄释放。

蹴鞠屡过飞鸟上

鞠是一种皮球,球用皮革做成,球内用毛塞紧。蹴鞠,就是用足去踢球。这是古代清明节时人们喜爱的一种游戏。《史记》记载:"蹴鞠者,传言黄帝所作。"最初的目的是用来训练武士。

蹴鞠

大约在南北朝时期,蹴鞠开始比较集中于寒食节期间进行。至唐代,"寒食(清明)蹴鞠"已成为流行广泛的习俗活动。杜甫《清明》诗中云:"十年蹴鞠将雏远,万里秋千习俗同。"仲无颇《气球赋》中云:"时也广场春霁,寒食景妍,交争竞逐,驰突喧阗。或略地以丸走,乍凌空以月圆。"诸多诗文,正是这一习俗流行的最好反映。唐代"寒食(清明)蹴鞠"的盛行客观上促进了蹴鞠的发展。当时,不仅鞠的制作有了改进,蹴鞠的方法内容也有较大变化。早期的鞠是以皮革制作的实心球,所谓"以皮为之,实以物,蹴踏之以为戏也"。唐代的鞠则是具有球皮和球胆的气球了。在蹴鞠形式上,当时的蹴鞠活动主要分为有球门和没有球门两种形式。

随着鞠制造工艺水平的提高,蹴鞠活动变得越来越普及与流行。我国写诗最多的诗人陆游一生中就写过多首与蹴鞠有关的诗,诸如"蹴鞠墙东一市哗,秋千楼外两旗斜","寒食梁州十万家,秋千蹴鞠尚豪华",等等。不仅如此,宋元时期,当时的民间还出现了"齐云社"或"圆社"的足球组织。施耐庵在《水浒传》中,写了一名由踢球发迹当了太尉的高俅。小说虽然在人物和事迹的性格上作了夸张,但基本上是宋代的事实。北宋的确有个在圆社蹴鞠的高俅,也确是因为陪侍宋徽宗踢球而被提拔当了殿前都指挥使的大官。这事记载在王明清《挥尘实录》中。高俅因踢球而发迹,使我们知道,宋代的皇帝和官僚贵族是喜爱踢球的。宋代礼仪中规定,朝廷有大的喜庆宴会,都有足球表演。在喝了六杯酒之后,足球艺人便上场表演踢球。到了元辽金时代,市民的蹴鞠活动亦很兴盛,而且还大量出现在文学作品中。元曲就有很多描写当时市井闲人蹴鞠活动的情况。如大戏曲家关汉卿的散曲中有两首《女校尉》套曲。校尉是园社中艺人的最高等级,元代有了女校尉,邓玉宾《仕女园社气球双关》道:"似这般女校尉从来较少,随园社常将蹴鞠抱抛,占场儿陪伴了英豪。"这说明,元代市民的蹴鞠继宋代之后仍非常普遍。

恰像鞠球被踢起时在空中画了一道美丽的弧线后迅速落下,蹴鞠活动在前秦时已兴起,经历了汉唐宋元的辉煌之后,最终在清代走向衰落,蹴鞠也走上消亡之路。所幸的是,伴随着蹴鞠被公认为足球运动的前身,伴随着国人对文化遗产的日渐重视,近年来,蹴鞠活动又在一定程度上得到恢复。2006年9月,首届中国国际蹴鞠表演暨蹴鞠申报世界人类口述和非物质遗产代表作启动仪式,在世界足球的起源地山东省临淄市拉开帷幕。

寒食、清明、蹴鞠不分城市和乡村,市民乡民都能在参与观赏中体验到这一活动的魅力。我们仿佛听到了震耳欲聋的锣鼓声、加油声和欢呼声,仿佛看到了蹴鞠场上激烈的争斗,看到了圆圆的彩球流星凌空飞起以及双脚演绎出的万般花样,看到了村民们因激动兴奋而泛红的脸庞。

家家烧简又烹鲜

青团子

清明时节,江南一带有吃青团子的风俗习惯。青团子是用一种名叫"浆麦草"的野生植物捣烂后挤压出汁,接着取用这种汁同晾干后的水磨纯糯米粉拌匀糅合,然后制作青色的团子。团子的馅心是用细腻的糖豆沙制成,在包馅时,另放入一小块糖猪油。团坯制好后,将他们入蒸笼蒸熟,出笼时用毛刷将熟菜油均匀地刷在团子的表面,便大功告成。青团子油绿如玉,糯韧绵软,清香扑鼻,吃起来甜而不腻,肥而不腴。青团子还是江南一带用来祭祀祖先的必备食品,正因为如此,青团子在江南一带的民间食俗中显得格外重要。

刻花鸡蛋

清明节吃鸡蛋是传承久远、播布广泛的食俗。在唐代清明节兴起之初,鸡蛋就已经成为节令食品。不仅如此,人们还对鸡蛋加以雕刻或染色,互相赠送。骆宾王有首《镂鸡子》记载:"幸遇清明节,欣逢旧练人。刻花争脸态,写月竞眉新。晕罢空余月,诗成并道春。谁知怀玉者,含响未吟晨。"正是对这

刻花鸡蛋

一习俗的描写。在很多地方,直到现在,鸡蛋还是清明节不可缺少之物。东北地区有句名谚,所谓"清明不吃蛋,穷的乱战战",反映了当地清明吃鸡蛋的重要性。山东滨州一带,至今还保留着南北朝、隋唐时期镂鸡子、染鸡子等古俗。当地儿童玩鸡蛋的方法通常是斗蛋。孩子们将熟鸡蛋拿到街上,找同龄的小伙伴,互相用蛋的尖端用力顶住,谁的鸡蛋破了谁就为

输,换一个再斗。大家你推我顶,玩得不亦乐乎。在山东,斗蛋的游戏不仅存在于滨州,在济南、德州、济宁一些地方也深受孩子们的欢迎。

清明螺

在江南水乡,清明时节正是采食螺蛳的最佳时令,因为这个时节螺蛳还未繁殖,最为丰满肥美。"清明螺,抵只鹅"是经典的水乡俗语,这种简洁的形容能使人咽着口水,急切地想寻一个晴日,去享受乡村的风味了。过去人们只要蹲在水边沿青石板随手一摸,便是盈盈可握的一把螺蛳,宝贝似地放进竹篮中。炒螺蛳时放入姜、葱、花椒、八角之类调味品,炒时哗哗有声。用细尖之物挑螺蛳肉是绝配,边挑边食,边食边说,只是不小心碰个空壳,又是一笑。食用肉后壳别急着扔,里面的汤汁很鲜美,顾不上文雅了,小口一啜,吸进。俗话说,三担螺蛳四担壳。所以就又有了"剁螺蛳过酒,神仙来了勿肯走"的绍兴经典谚语。

子推馍

子推馍又称老馍馍,是陕北的榆林和延安两地居民清明节爱吃的食物。子推馍类似古代武将的头盔,重约250~500克,里面包鸡蛋或红枣,上面有顶子,顶子四周贴面花。面花是面塑的小馍,形状有燕、虫、蛇、兔或文房四宝。圆形的"子推馍"是专给男人们享用的,已婚妇女吃条形的"梭子馍",未婚姑娘则吃"抓髻馍"。孩子们有燕、蛇、兔、虎等面花,"大老虎"专给男孩子吃,也最受他们喜欢。父母用杜梨树枝或细麻线将各种小面花串起来,吊在窑洞顶上或挂在窗框旁边,让孩子们慢慢享用。风干的面花,能保存到第二年的清明节。清明节寄托了我们对祖先的怀念,子推馍也加深了人们温馨的亲情和真挚的友情。

春饼

春饼又名春卷、薄饼,是闽南、台湾地区著名的民间吉祥民俗食品,也是全国范围内较为流行的一种食物。民间还流传这样一个有趣的关于春饼来历的故事。相传宋朝年间,一位书生名叫陈皓,他有一位贤惠的妻子叫阿玉,两人感情深厚,情投意合。陈皓专心致志读书,但常忘记了吃饭。这可急坏了阿玉,她左思右想,终于想出了做春饼这个办法,春饼既能当饭,又能当菜。陈皓边读书边吃春饼,餐餐吃的香,读书的劲头可足了。不久陈皓赴京赶考,阿玉又制作春饼并用油炸,给丈夫当干粮。结果,陈皓得中状元,高兴地把妻子做的春饼干粮,送给考官品尝。考官一吃,赞不绝口,顿时写诗作文,称之为"春卷"。从此,春卷名声大振,传到民间各家各户,形成家家户户都吃春卷的风俗。后来,春卷竟成了地方官吏向皇帝进贡的上等礼品,被雅称为"玉饼";皇帝赐食群臣,称"玉饼琼肴",寓意迎春、祝福。春饼皮香脆、馅香软,香甜可

春卷

口,咸中有甜、甘鲜芳香,让人垂涎欲滴,十分爽口,历久不衰,代代相传。春饼是民间吉祥食品,含有迎春纳福之意,还传到海外,畅销欧美等国家,深受国际友人及侨胞的喜爱。闽台民间更是盛行吃春饼,酒家餐馆也仿效出售,成就一道"油炸春卷"的名菜。

欢喜团

四川成都一带盛行炒米作团,用线穿之,或大或小,各色点染,名曰"欢喜团",旧时在成都北门外至"欢喜庵"一路摆卖。清人《绵城竹枝词》有诗云:"欢喜庵前欢喜团,春郊买食百忧宽。村醪戏比金生丽,偏有多人醉脚盆。"

这些风俗和活动,大大丰富了清明节日的内容。清明自宋代以后,就成了和元宵、中秋等佳节同等重要的节令。有一句所谓"朝朝寒食,夜夜元宵"的俗话,形容了清明时节的热闹,同元宵灯节一样。宋代文学家苏轼有一句著名的诗:"人生看得几清明?"可见人们对清明节何等重视!

清明节诗词赏析

清明时节雨纷纷,路上行人欲断魂。
借问酒家何处有,牧童遥指杏花村。

——杜牧(《清明》)

说到清明时节的诗篇佳作,就不能不提及杜牧的《清明》

小诗。该诗不用辞藻涂饰,语言通俗自然,着墨不多,却创造了优美的意境和鲜明的形象,而且写得清新隽永,含蓄深婉,饶有韵味,所以多少年来,脍炙人口,广为流传。诗写清明节这天,细雨纷纷扬扬地漫天飘洒,路上的行人一个个情绪低沉,面带忧愁之色。诗人结合自己的体察和感受,把纷纷洒洒的春雨与黯然神伤的行人统摄于一幅画面之中。情在景中,景即是情,读者也可以心领神会。"请问,往哪里去才有酒家呢?牧童指了指远方那美丽的杏花深处的村庄",出奇制胜地写出兴奋和希望,那多远呢?既非行路迢遥,也非近在咫尺,隐约可见的杏花烂漫的村庄,这是多么美妙的意境!

> 耕夫召募逐楼船,春草青青万顷田。
> 试上吴门窥郡郭,清明几处有新烟?
> ——张继(《闾门即事》)

盛唐晚期的诗人张继,虽然传世的名篇不多,却颇有些关切时事、伤悯劳民之作。诗人于天宝末年流寓姑苏,当时安史之乱尚未平息,统治阶级到处征兵,致使农村凋敝,田园荒芜,城市残破,人烟寥落。这首诗便是诗人在清明节日登上姑苏城的阊门触景生情而作。苏州一带的农民都被官府征集去当水兵了。春天来临,大地回暖,本应是农事繁忙,禾苗茁壮,满目新绿,一片生机。如今却是万顷田亩之中长满了野草,足见土地的荒芜,劳力匮乏。在清明时节,诗人登上阊门眺望城郊,所能见到的又有几处人家是新生烟火的呢!这首诗表现了诗人对唐代官府的强烈不满,对凄凉现实的深沉感伤,以及对离乱人民的深切同情,是颇有社会意义的诗篇。

> 春城无处不飞花,寒食东风御柳斜。
> 日暮汉宫传蜡烛,轻烟散入五侯家。
>
> ——韩翃(《寒食》)

韩翃的《寒食》选取典型的题材,引用贴切的典故对唐朝宦官得宠专权的腐败现象进行讽刺,是读者耳熟能详的作品。春天里的都城长安柳絮飞舞,落红无数。当时风俗寒食日折柳插门,清明这天皇帝还要降旨取榆柳之火赏赐近臣,以示恩宠。所以诗人在无限的春光中特地捡取随东风飘浮的"御柳"。寒食节这天家家都不能生灯点火,但皇帝却例外,天还没黑,宫里就忙着分送蜡烛,除了皇宫,贵近老臣也可得到这份恩典。诗中用"传"与"散"生动地画出了一幅夜晚走马传烛图,使人如见蜡烛之光,如闻轻烟之味。读到这里我们就会联想到"只许州官放火,不许百姓点灯"这句俗语,从而更好地领会诗歌的主旨。

> 无花无酒过清明,兴味萧然似野僧。
> 昨日邻家乞新火,晓窗分与读书灯。
>
> ——王禹偁(《清明》)

在众多吟咏清明的诗词中,王禹偁的这首《清明》可谓是别具特色,不容忽视。这首七言绝句描写了一个穷苦读书人过清明节的情景。清明时节,是祭祖扫墓之月,也是吟花咏柳饮酒作乐之时,有花可看,有酒可饮,这才过得美满惬意。然而这首诗中的主人公却是既没有花,也没有酒,这就不免"兴味萧然似野僧"了。那这个清明怎样来度过呢?山野里的和尚可以打坐念经,消磨时光,这位读书人呢?就只能清早起来用昨天刚从邻居讨来的新燃火种点起油灯,坐在窗下来读书了。"晓窗分与读书灯",恰似一幅剪影,清晰地映现了这位书生窗下捧书而读的情景。这情景与那山野寺僧的青灯黄卷却也十分相似。这首小诗,看似平铺直叙,不加修饰,淡而无奇,实则形象鲜明,诗意浓郁,余味无穷。

> 客思似杨柳,春风千万条。
> 更倾寒食泪,欲涨冶城潮。
> 巾发雪争出,镜颜朱早凋。
> 未知轩冕乐,但欲老渔樵。
> ——王安石(《壬辰寒食》)

王安石是北宋杰出的政治改革家,但同绝大多数封建政治家一样,由于时代和阶级的限制,思想上往往存在出仕与退隐的矛盾。王安石的《壬辰寒食》就是他在金陵料理长兄丧事时所作。诗写二月的江南已一派春光,郊外原野上的杨柳垂下千万条碧玉般的绿枝,在春风中飘拂摇曳。但是这美好的景色在诗人心中所撩起的,不是喜悦与赞叹,而是难以抑制的"客思"——一种纷纭复杂的伤感情绪。仲春二月,正是江水涨潮时期,自己倾泻的滔滔泪水使得江水都上涨了。这是夸张手法,足见泪水之多,悲痛之深,化景物为情思,将悲痛的心情表达得更为具体形象。联想自己目前的境际,用头巾包发,才发现白发已越来越多;揽镜自照,才知道红润的脸色早已凋谢。三联已将诗人的"客思"之苦抒写尽致,尾联就势作结,引出自己归隐山林以颐养天年之愿,流露出诗人对当时污浊现实的不满。全篇以客思之多始,以隐居之愿结,层层转折而又浑然天成,表现出诗人的苦心经营与深厚的艺术功力。

> 春未老,风细柳斜斜。试上超然台上看,半壕春水一城花。烟雨暗千家。
> 寒食后,酒醒却咨嗟。休对故人思故国,且将新火试新茶。诗酒趁年华。
>
> ——苏轼(《望江南·超然台作》)

宋神宗熙宁九年(1076年)暮春,苏轼登超然台,眺望春色烟雨,触动相思,写下了此作。词的上片点明当时的季节特征:春已暮而未老,诗人在句中设对,以春水、春花,将眼前的图景铺排开来。然后以"烟雨暗千家"作结,居高临下,说烟雨笼罩着千家万户。于是,满城风光,尽收眼底。下片写情:寒食过后,正是清明节,应当返乡扫墓。但是,此时却欲归而归不得,作者只能借煮茶来作为对故国思念之情的自我排遣。诗人不得不进行自我心理调适:必须超然物外,忘却尘世间一切,抓紧时机,借诗酒以自娱。寥寥几句,生动地表现了作者细微复杂的内心活动,表达了游子炽烈的思乡之情。

四 端午:
玉粽袭香千舸竞

端午节是中国古代较重要的传统节日之一。清代时将端午、中秋和冬至称为"三大节",现在是唯一入选世界文化遗产的传统节日。2005年11月,韩国"江陵端午祭"被联合国教科文组织宣布为"人类口头和非物质遗产代表作"。这一消息引起了很多华人的强烈反应,中国政府也开始重视民俗节日。2006年5月,端午节被批准确定为第一批国家级非物质文化遗产名录;2008年1月起,包括端午节在内的多个传统节日开始实行放假。2009年9月,"中国端午节"成功申请为世界文化遗产。

端午节的名称

端午节又称"端五节""重午节""重五节""午日节""五月节""端阳节""艾节""菖节""蒲节""天中节""女儿节""诗人节""夏节""龙舟节""浴兰节""午日""屈原日""龙日"等。

"端午"最早的解释见于西晋周处《风土记》:"仲夏端午。端,初也。""端"就是"初"的意思,因此"初五"被称为"端五"。

古汉语"午"与"五"通,故端午又称"端五";又因"五""午"同音,"五""五"相重,故端午节又名"重午节"或"重五节";有些地方也叫"五月节"。《燕京岁时记》载:"京师谓端阳为五月节。"

由于端午节家家悬挂艾、菖蒲于门户以辟邪驱疫,故又称端午为"艾节""蒲节";又因端午的节日食品为粽子,也称"粽子节"。

因为午时为"阳辰",因此端五也叫"端阳"。据《荆楚岁时记》记载"因仲夏登高,顺阳在上",五月正是仲夏,它的第一个午日正是登高顺阳天气好的日子,故称五月初五为"端阳节"。

端午是夏季之中最大的民间节日,其诸多节俗与夏令有关,而且因为和夏至时间较为接近,因此也被称为夏节。周处《风土记》说:"仲夏端午。端,初也。俗称重五日,与夏至同。"

天中节是从阴阳术数演变而来的。明代田汝成《熙朝乐事》记载"端午为天中节",是因为午日太阳行至中天,达到最高点,午时犹然,故称之为"天中节"。日本以五月五日为"男儿节",可能也是据天中节而来,因其认为只有男子秉承天地中通之气。

端午时值仲夏,是皮肤病多发季节,古人常以兰汤沐浴。据《礼记》记载,端午源于周代的蓄兰沐浴。古人五月采摘兰草,盛行以兰草汤沐浴、除毒之俗。汉代《大戴礼记·夏小正》记载:"五月,……煮梅,为豆实也,蓄兰为沐浴也。"屈原《九歌》之一记载:"浴兰汤兮沐芳,华采衣兮若英。"南朝梁人宗懔《荆楚岁时记》云:"五月五日,谓之浴兰节。"此俗流传至唐宋时代,因此,也将端午节称为浴兰节。宋吴自牧《梦粱录》云:"五日重五节,又曰浴兰令节。"

旧俗端午时少女佩带灵符头簪榴花,出阁的女儿娘家要将其接回"躲端午",因此又称为"女儿节"。明沈榜《宛署杂记》记载:"五月女儿节,系端午索,戴艾叶、五毒灵符。宛俗自五月初一至初五日,饰小闺女,尽态极妍。出家女亦各归宁,因呼为女儿节。"

端午节的起源

端午节名称之多,与其节俗起源歧出有关。关于端午节的来源,比较有代表性的说法有:纪念屈原说,吴越民族图腾祭说,起于三代夏至节说,恶月恶日驱避说等,实际上,端午节是由多种传说、多种习俗综合而成的。

纪念屈原说

端午节的起源各地说法不一,迄今为止,影响最广的是纪念屈原说。据《史记·屈原贾生列传》记载,屈原是战国时代的楚国人。当时的齐、楚、燕、韩、赵、魏、秦七国中,秦国最强,总想吞并其他六国,称霸天下。屈原倡导举贤授能,富国强兵,力主联齐抗秦,遭到贵族子兰等人的强烈反对。楚王听信了这些人的话,不但不采纳屈原的主张,还把他赶出了楚国的国都,流放到沅、湘流域。屈原离开国都后,仍然关心祖国的命运。他在流放中,写下了忧国忧民的《离骚》《天问》《九歌》等不朽诗篇,独具风貌,影响深远(端午节也因此称诗人节)。后来,他听到楚国被秦国打败、楚国都城被攻破的消息,心如刀割,但是始终不忍舍弃自己的祖国,在写下绝笔作《怀沙》之后,抱石投汨罗江殉国,以自己的生命谱写了一曲壮丽的爱国主义乐章。这一天是公元前278年农历五月初五。屈原不仅是政治革新家,更是诗人。他的诗歌《离骚》《九章》《九歌》《天问》等都是我国古典文学中的名篇佳作。更重要的是,屈原创造了一种新的诗歌体裁"楚辞",因其中以《离骚》最为著名,所以也叫"骚体"。唐代大诗人李白曾有"屈平诗赋悬日月"的诗句赞美屈原的诗作,鲁迅先生也称《离骚》是"逸响伟辞,卓绝一世"。正是因为屈原的高尚品格、爱国主义精神和优美的诗篇,他受到了历代人民的衷心爱戴和崇敬,同时也受到世界人民的热爱。1953年,世界和平理事会把屈原列为世界十大文化名人之一。

四 端午：玉粽袭香千舸竞

屈原

　　我国传统节日大都始源于民间传说。端午为屈原而设，传说起于何时，无从考知。在南北朝以前已有端午的记载。在民俗文化领域，把端午节的龙舟竞渡和吃粽子都与屈原联系起来。说端午节是为了纪念屈原的根据，以南朝梁吴均的《续齐谐记》、唐欧阳询《艺文类聚》说得最为"有鼻子有眼"："屈原五月五日投汨罗江而死，楚人哀之，每至此日，以竹筒贮米，投水以祭之。汉建武中，长沙区曲白日忽见一人，自称三闾大夫，谓曲曰：'闻君当见祭，甚善，常年为蛟龙所窃，今若有惠，可以楝叶塞其上，以五彩丝缠之。此二物蛟龙所惮也。'曲依其言。今五月五日作粽，并带楝叶五花丝，皆汨罗之遗风也。"传说屈原投江以后楚国百姓哀痛异常,纷纷涌到汨罗江边去凭吊屈原。当地渔夫们划起船只奋力营救,在江上来回打捞他的真身,但始终没有找到,是为龙舟竞渡之起源。有位渔夫拿出为屈原准备的饭团、鸡蛋等食物,"扑通、扑通"地丢进江里,说是让鱼龙虾蟹吃饱了,就不会去咬屈大夫的身体了。人们见后纷纷仿效。一位老医师则拿来一坛雄黄酒倒进江里,说是要药晕蛟龙水兽,以免伤害屈大夫。又说人们常放食品到水中致祭屈原,但多为蛟龙所食,后因屈原的提示才用楝树叶包饭、外缠彩丝,做成后来的粽子样。以后每年五月初五人们都要这样做。久而久之,人们又改为用芦苇的叶子把糯米包成粽子扔进江里。于是,就形成了端午节吃粽子、赛龙舟的习俗,以此来纪念爱国诗人屈原。

屈原是古代伟大的爱国主义者,一个看到国家、人民罹难而痛心疾首伤心流泪的人,以节日的形式纪念他,应乎人心,顺乎民意,历久成俗。

古越民族图腾祭说

近代大量出土文物和考古研究证实:长江中下游广大地区,在新石器时代,有一种以几何印纹陶为特征的文化遗存。该遗存的族属,据专家推断是一个崇拜龙的图腾的部族——史称百越族。出土陶器上的纹饰和历史传说示明,他们有断发文身的习俗,生活于水乡,自比是龙的子孙。其生产工具,大多还是石器,也有铲、凿等小件的青铜器。作为生活用品的坛坛罐罐中,烧煮食物的印纹陶鼎是他们所特有的,是他们族群的标志之一。直到秦汉时代尚有百越人,端午节就是他们创立用于祭祖的节日。

后来闻一多先生经过考证创立此说。闻一多在其关于端午节的两篇重头文章《端五考》《端午节的历史教育》中写道,古代吴越民族以龙为图腾,每年的五月五日这一天,他们要举行一次盛大的图腾祭,其中的活动之一就是以刻画成龙形的独木舟在水上竞渡,娱神娱己。闻一多肯定这是竞渡习俗的由来,有一定的科学性;但他认为端午的节俗远不止此,况且竞渡之举也非吴越独有。此外,图腾祭之说也颇可斟酌。

进而闻一多将端午节称为"龙的节日",赛龙舟便是纪念龙的典型风俗。五月初五是古代吴越地区"龙"的部落举行图腾祭祀的日子。其主要理由是:端午节两个最主要的活动吃粽子和竞渡,都与龙相关。粽子投入水里常被蛟龙所窃,而竞渡则用的是龙舟。竞渡与古代吴越地方的关系尤深,况且吴越百姓还有断发文身"以像龙子"的习俗。古代五月初五日有用"五彩丝系臂"的民间风俗,这应当是"像龙子"的文身习俗的遗迹。

恶月恶日禁忌说

中国传统文化讲究阴阳和谐,端午也叫"重五",五是阳数,重五有"极阳"之意。清人来集之《倘湖樵书·七夕》记载:"一三五七九皆阳数也,故取之为节,乃古人扶阳之义。"对于这种阳气极盛的日子一般认为不吉利。实际上,端午适逢仲夏季节,在五行中属于火旺之相,过旺便成毒。在物候方面,五月是蚊蝇孳生、疾病易于流行的季节,所以说端午节是"五毒日"。恶疠病疫经常泛滥,于是形成"躲午(五)"习俗,后来以讹传讹,遂成端午。《吕氏春秋·仲夏记》要求人们五月禁欲斋戒。《荆楚岁时记》引《夏小正》云:"此日蓄药,以蠲除毒气。"因此,端午制菖蒲酒、雄黄酒,喝之辟邪祛病。

先秦时期人们普遍认为五月是恶月(毒月),五日是恶日。早在春秋战国时期就认为五月是"凶月"或"恶月",我国北方民间向来有"善正月,恶五月"的说法。这一说法是我国出现较早的岁时禁忌习俗。且有"不举五月子"之俗,即五月五日所生的婴儿无论是男或是女都不能抚养成人,一旦抚养则男害父、女害母。《风俗通义》载:"俗说五月五日生子,男害父,女害母。"甚至出现了"五月到官,至免不迁""五月盖屋,令人头秃"等说法。认为重五是死亡之日的传说也很多。《史记·孟尝君列传》记战国时代以养士闻名的孟尝君田文生于五月五日,其父根据当时的俗信要将其遗弃,幸亏母亲将他私下抚养成人,足见当时这种俗信的存在和影响力。这一习俗至迟从战国开始流行,迄至汉代盛行不衰。此俗在汉人王充的《论衡》、应劭《风俗通义》以及《后汉书》中,多有记载。

这种俗信在先秦以后一直存在着,直至近现代。不过,仅以这个俗信作为端午节的源头,显然太单薄了一些,况且古人对五月五日"恶"早有一定的认识,早就清楚这种俗信的虚妄不实。五月五日是恶月恶日,以除瘟、驱邪求吉祥,因而出现了相关的文化活动,形成了颇有特色的端午节。端午的很多节俗都是围绕祛邪避邪展开的,如喝雄黄酒、插艾草、挂菖蒲,还有给孩子系五色丝绳,戴祛五毒的兜肚,缝装有香料的荷包等,以达到祛邪、祛虫的目的。据考证,龙舟竞渡最早也与祛邪有关,人们通过某种仪式把邪气放在龙舟上,开展竞渡,看谁送得快、送得远。

夏至说

可以确认,端午节最早源于夏至这一节气。古人最初把端午和夏至当作一回事。周处《风土记》说:"仲夏端午。端,初也。俗称重五日,与夏至同。"首倡夏至说者为黄石先生,1963年他在《端午礼俗史》一书中指出,端午节如涓涓之水发源于远古时代,三代汇为川流,秦汉扩为河,唐宋纳百川而成湖海。

端午节源于夏至说问世之后,学者吞吐百家,从更广泛的视野去研究。1983年,刘德谦先生在《"端午"始源又一说》中,认为端午来自夏、商、周时期的夏至,且提出端午节中"斗百草""采杂药"等与屈原无关。刘德谦在《"端午"始源又一说》和《中国传统节日趣谈》中,提出三个主要理由:一是权威性的岁时著作《荆楚岁时记》并未提到五月初五日要吃粽子的节日风俗,却把吃粽子写在夏至节中。至于竞渡,隋代杜台卿所作的《玉烛宝典》把它划入夏至日的娱乐活动,可见不一定就是为了打捞投江的伟大诗人屈原。二是端午节风俗中的一些内容,如"踏百草""斗百草""采杂药"等,实际上与屈原无关。三是《岁时风物华纪丽》对端午节的第一个解释是:"日叶正阳,时当中即端午节正是夏季之中,故端午节又可称为天中节。"由此,端午节的最早起源当系夏至。2006年12月在韩国首尔举办的国际学术会上,中国社会科学院民族学人类学研究所研究员何星亮先生再度完善了夏至说,又提出端午节即夏至。

认为端午起源于夏至,其着眼点是夏商周的夏至习俗。

从传统端午习俗来看,确实有很多与夏商周三代的夏至习俗相同,如饮食、服饰、禁忌等。这种看法注意到时令,由此切入问题,颇能解说岁时礼俗的一些问题。不过中国古代许多节日,节期最初并不固定,是在逐渐发展过程中逐渐固定下来的。因此,以夏至习俗作为端午节广义的源头尚可,狭隘地理解则有些牵强。

端午节的习俗

过端午节是中国人两千多年来的传统习俗。由于地域广阔,民族众多,加上许多故事传说,于是不仅产生了众多相异的节名,而且各地有着不尽相同的习俗。每到这一天,人们悬钟馗像、挂艾叶和菖蒲、赛龙舟、吃粽子、饮雄黄酒、游百病、佩香囊等,成为人们生活中的重要内容,也成为中华民族的一种象征。如此丰富的习俗形态,涉及人们的原始信仰、巫术仪式、卫生知识、饮食习惯、日常关系、先贤纪念等社会生活,展现了端午节融入人们日常生活的具体方式,尤其以饮食、运动、社会群体集会等方式与日常生活联系起来。端午节的习俗包括挂菖艾、饮药酒等驱瘟祈福习俗,包粽子、划龙船等祭祀纪念习俗,斗百草、回娘家等娱乐团聚习俗等。

竞渡深悲千载冤

　　龙舟竞渡是端午节一项重要的节日活动,相传与战国时楚国诗人屈原有关。一般的说法是,屈原自投汨罗江中,当地人民为了拯救他,奋力划船前去,由此而演为龙舟竞渡的风俗。据学者推断,最早记载竞渡民俗活动的传世史料是西晋周处的《风土记》,其有:"端午,烹鹜、角黍……竞渡。"稍后梁人宗懔《荆楚岁时记》中亦有记载:"五月五日竞渡,俗为屈原投汨罗日,伤其死,故命舟楫以拯之。"由此似可断言,龙舟竞渡应该是在汉晋之际成为端午节内影响渐大的节俗活动。其实,竞渡之戏乃南方夏季一项普遍活动,五月进仲夏,梅雨过后,天气多晴,河水高涨,最宜竞渡。

　　《荆楚岁时记》中还记载了南北朝时的竞渡之俗,指出当时有轻快的飞凫,又有水军水马,并有"州将及士人临水观之"。同时,该书还指出了竞渡起源的另外两种说法,即纪念伍子胥和起于越王勾践。其实,竞渡之俗早在屈原以前就存在了,宋高承《事物纪原》说:"竞渡之事起于越王勾践,今龙舟是也。"《岁时广记》引刘禹锡《竞渡曲》时也说:"《越地传》云,竞渡起于越王勾践,盖断发文身之术,习水好战者也。"就是在屈原的时代,这种竞渡之举也是存在的。南北朝时期的竞渡之俗略如《荆楚岁时记》所云,而到唐宋时代,在沿河湖地区,竞渡之俗大为盛行,且规模、方法也日臻完善。赛龙船开始前,先用许多人肩扛龙船,沿街游行,商店都放鞭炮、点香烛迎接。到了河边,在鞭炮声中,把龙船推进河中。参赛的龙船都停在出发点,炮声一响,锣鼓齐鸣,壮夫驾驶,众舟竞发,迎风招展,两岸欢声雷动。从各地现存的竞技规则看,每条龙舟上有划手16人,挡船头的篙师1人,船尾掌舵的1人,还有1位俊俏儿童表演嬉戏(苏州人称为"龙头太子"),这样每条船至少有19人,要协调动作,奋勇向先,实在要有一种团结协作的集体主义精神。初唐张悦《岳州观竞渡》和骆宾王《扬州看竞渡》诗及序,所记景象已极壮观。中唐诗人张封建在《竞渡歌》中生动描绘了惊心动魄、热烈欢快的龙船竞渡场面:"五月五日天晴明,杨花绕江啼晓莺。使君未出郡斋外,江上早闻齐和声。"前两句为时空景象,后两句为竞渡的热烈场面,特别是最后一句,勾勒出竞渡不是简单的划船动作,而是集体操作的水上竞技活动。唐人竞渡观者如堵如云,河两岸已有专供观光的彩棚,且有私人彩棚,可见竞渡何等隆重热闹了。

龙舟竞渡是一种民间竞技活动,因此有一定的竞技规则和胜负标准。一般来说,旧时的竞渡规则和今天相差无几,胜负的标准却有所不同。今天的竞渡以到达终点的先后为胜负,旧时竞渡速度固然是一个标准,但同时也还有其他许多花样。比如"抢标",是指在划到终点的时候各船抢夺浮标以定胜负。标有鱼标、鸭标、铁标之分,因其上系有红锦缎,所以也叫"锦标"。另外还有抢夺其他目标物以定胜负的,比较高难一点的是抢夺钱、鸭二物,钱入水则沉,鸭下水则游,因此争夺起来不仅十分激烈,也很需要技巧,并且要下水去抢夺。

端午节的龙舟不仅有竞渡的,也有非竞技性质而只以娱乐为目的的。吴自牧《梦粱录》所记南宋西湖不过是"龙舟六只,戏于湖中"。可以说,这是龙舟竞渡的"异化",其间颇含深意。同时应该注意的是地域文化的不同意趣:荆楚在古代算是野蛮之地,大江大泽,民风粗犷,这里的龙舟是用来竞渡的,反映了当地粗放的文化特色;杭州则是山柔水媚、市民较为富裕的都市,人们更习惯于奢华绮丽,轻歌曼舞,所以龙舟便是用来游戏的。

明朝中后期,每到端午节,皇帝还特许百官到宫内观看划龙船。相沿至清代及近现代,竞渡的风俗仍然是风行不衰。龙舟竞渡可以激发人们拼搏向上的爱国豪情和激流勇进的奋斗精神,有发展民间体育和促进身心健康的作用。因此,现在凡临江河湖海的地区,每年端午节都要举行富有民族特色的龙舟竞渡活动。

龙舟竞渡之举一旦在都市社会落脚,浸染上一些都市社会的绮丽奢华、娇柔轻媚乃至市肆商贾的气息是必然的。因此,古时早有人把这种综合性的端午水上活动称作"龙舟市"。清李斗所著的《扬州画舫录》对此描述得细致入微、穷形尽相,其概云:"龙船自五月朔至十八日为一市。先于四月晦日试演,谓之'下水'。至十八日牵船上岸,谓之'送圣'。船长十余丈,前为龙首,中为龙腹,后为龙尾,各占一色。四角枋柱,扬旌拽旗,篙师执长钩,谓之'跕头',舵为刀式,执之者谓之拿尾。尾长丈许,牵彩绳令小儿水嬉,谓之'掉梢'。有'独占鳌头''红孩儿拜观音''指日高升''杨妃春睡'诸戏。两旁桨折十六,前为头折,顺流而折,谓之'打招'。一招水如溅珠,中置戽斗戽水,金鼓振之,与水声相激。上供太子,不知何神,或曰屈大夫,楚之同姓,故曰太子。小船载乳鸭,往来画舫间,游人鬻之掷水中。龙舟执戈竞斗,谓之'抢标'。又有以土瓶实钱果为标者,以猪胞实钱果使浮水面为标者,舟中人飞身泅水抢之。……迨午后,外河徐宁、缺口诸门,龙船由响水闸牵入内河,称为'客船'。送圣后奉太子于画舫中礼拜,祈祷收灾降福,举国若狂。"

时于粽里见杨梅

和屈原有关的另一项端午节俗是吃粽子。相传它是屈原落水后人们投给他的食品。起初人们只是把饭团子投到江中给屈原吃,后来便改用五角丝和楝树叶包裹饭团,由此便有了后来的粽子。其实粽子起初并不一定有纪念意义,并且也不固定在端午食用。它与端午的避恶驱毒一样本来都是一种夏令风俗。俗谚有"食过五月粽,寒衣收入杠""不食五月粽,寒衣不敢送",可见粽子是一种既可口应时、又标志季候转换的节物。

总的来说,端午节的习俗各朝各代都不尽相同,但端午节吃粽子这个习俗,古往今来,全国各地都一样。粽子是端午节不可或缺的标志性食品。每至端午,家家户户"角黍包金,菖蒲切至"。

粽子是端午节的节日食品,最早见于周处《风土记》,称为"角黍":"又以菇叶裹黏米煮熟,谓之角黍。"晋南北朝记载其事极少,到唐宋粽子始普及,从皇宫到白屋,无处不食粽,虽然各阶层所食粽子的内容有所不同,无精粗之分。自从南朝梁吴均《续齐谐记》将端午龙舟竞渡定为救屈原以来,一些人附会说粽子古亦有之,《异苑》更谓"屈原姊所作也"。粽子制作方便,用苇叶将洗米包裹起来,煮熟即可吃,又可持以敬亲馈友,极具节日食品特征。

粽子又叫"角黍""筒粽",其由来已久,花样繁多。早在春秋时期,用菇叶(茭白叶)包黍米成牛角状,称"角黍";用竹筒装米密封烤熟,称"筒粽"。明人李时珍《本草纲目》载:古人以菇芦叶裹黍米煮成,尖角,如棕榈叶心之形,故曰粽,曰角黍,近世多用糯米矣。东汉末年,以草森灰水浸泡黍米,因水中含碱,用菇叶包黍米成四角形,煮熟,成为广东碱水粽。

端午节古老粽子工艺图

晋代,粽子被正式定为端午节食品。这时,包粽子的原料除糯米外,还添加中药益智仁,煮熟的粽子称"益智粽"。时人周处《风土记》记载:"俗以菇叶裹黍米,……煮之,合烂熟,于五月五日至夏至啖之,一名粽,一名黍。"南北朝时期,出现杂粽。米中掺杂禽兽肉、板栗、红枣、赤豆等,品种增多。粽子还用作交往的礼品。

到了唐代,粽子的用米"白莹如玉",其形状出现锥形、菱形。日本文献中就记载有"大唐粽子"。宋朝时,已有"蜜饯粽",即果品入粽。诗人苏东坡有"时于粽里见杨梅"的诗句。这时还出现用粽子堆成楼台亭阁、木车牛马做的广告,说明宋代吃粽子已成时尚。据陈元靓《岁时广记》引《岁时杂记》云,当时的粽子已达数种之多:"端午粽子,名品甚多,形制不一。有角粽、锥粽、菱粽、筒粽、秤锤粽,又有九子粽。"

元明时期,粽子的包裹料已从菇叶变革为箬叶,后来又出现用芦苇叶包的粽子,附加料已出现豆沙、猪肉、松子仁、枣子、胡桃等,品种更加丰富多彩。一直到今天,每年五月初,中国百姓家家都要浸糯米、洗粽叶、包粽子,其花色品种更为繁多。从馅料看,北方多包小枣的枣粽;南方则有豆沙、鱼肉、火腿、蛋黄等多种馅料,其中以浙江嘉兴粽子为代表。吃粽子的风俗,千百年来在中国盛行不衰,甚至还流传到朝鲜、日本及东南亚诸国。

门外高悬黄纸帖

农历五月正是炎热季节的开始,各种传染病开始流行,于是在端午节的活动中,又复合了许多驱邪禳灾、避瘟祛鬼的社会习俗,如挂艾叶、菖蒲,喝雄黄酒等。

民谚说:"清明插柳,端午插艾。"古时五月入夏,气温升高,蚊虫四出,细菌繁衍,疫病增多,故人们多祈祝逢凶化吉。在端午节,人们把插艾和菖蒲作为重要内容之一,家家都洒扫庭除,以菖蒲、艾条插于门楣,悬于堂中。

艾,又名家艾、艾蒿。它的茎、叶都含有挥发性芳香油。它所产生的奇特芳香,可驱蚊蝇、虫蚁,净化空气。艾是菊科多年生草本植物,具有一定的医疗价值。陆佃《埤雅》云:艾,"草之可以入病者也"。《荆楚岁时记》谓:"采艾结为人,悬于户上,以禳毒气。"常见的艾、菖蒲等避虫之草,便为人们用以驱疫防病。自六朝以来,端午节家家挂艾。端午挂艾,至今城乡依然。

《荆楚岁时记》中提到了"艾人",即用艾叶或加艾剪或扎成人形。这种"艾人"后世也存在,宋周密《乾淳岁时记》云:"五月五日,采艾以为人形,悬于门上,以禳毒气。"另外,人们还将艾叶制成花环、佩饰,美丽芬芳,妇人争相佩戴,用以驱瘴。

又有天师艾,其实是以艾为材料做成的厌胜之物。宋陈元靓《岁时广记》引《岁时杂记》说:宋代的端午节,京师人们除画天师像贩卖外,又作泥塑的张天师像,以艾为须,以蒜作拳,置于门上,称"天师艾"。宋人苏辙《学士院端五帖子·皇太妃阁》诗之三云:"太医争献天师艾,瑞雾常萦尧母门。"

此外,更著名的是艾虎,有的是用艾枝、艾叶编成的,有的是在布帛剪成的老虎上粘艾叶。端午节饰戴艾虎的风俗也已有千年以上的历史。宋陈元靓《岁时广记》引《岁时杂记》载:"端午以艾为虎形,至有如黑豆大者,或剪彩为小虎,粘艾叶以戴之。王沂公《端午帖子》诗:'钗头艾虎辟群邪,晓驾祥云七宝车。'"清富察敦崇的《燕京岁时记》也谈到艾虎,"每至端阳,闺阁中之巧者,用绫罗制成小虎及粽子……以彩线穿之,悬于钗头,或系于小儿之背,古诗云'玉燕钗头艾虎轻',即此意也。"之所以做成虎形,与虎之特性有关,我国古代视虎为神兽,俗以为可以镇祟辟邪,保佑安宁。《风俗通义》云:"虎者阳物,百兽之长也。能噬食鬼魅,……亦辟恶。"

端午俗称喝菖蒲酒可以祛病,故端午节又称"菖蒲节"。南朝梁宗懔《荆楚岁时记》载:"五月五日为端阳,一云蒲节。"宋周密《齐东野语·子固类元章》亦记"会菖蒲节"与好事者邀子固湖上饮酒作乐。宋杨万里也有"菖蒲节里放风光"之诗句。

饮菖蒲酒

菖蒲与艾相同，也是仲夏时品、端午节物，它和五月五日的联系似乎更为密切。五月又称"蒲月"，端午则称"蒲节"，这是因为五月菖蒲成熟，而端午又有悬菖蒲于门首，或以菖蒲浸制药酒饮用之俗，故称之。菖蒲是多年生水生草本植物，它狭长的叶片也含有挥发性芳香油，是提神通窍、健骨消滞、杀虫灭菌的药物。

端午在门户上悬菖蒲，最简单的是折几枝来悬挂，有些讲究的人则有蒲剑、蒲人、蒲龙等。蒲剑即指菖蒲叶子，因其形似剑而得名。唐李咸用《和殷衙推春霖即事诗》云："柳眉低带泣，蒲剑锐初抽。"旧时汉族民间以蒲剑为端午厌胜之物，悬于门首。清富察敦崇《燕京岁时记》云："端五日，用菖蒲、艾子插于门旁，以禳不祥，亦古者艾虎蒲剑之遗意。"蒲人则是用菖蒲棒镂刻而成的小人，端午节插在门头，或佩戴身畔，用以避邪。宋陈元靓《岁时广记》引《岁时杂记》云："端午刻蒲剑为小人子,或葫芦形,带之辟邪。"

蒲酒也叫菖蒲酒、菖华酒、蒲觞,制作方法与艾酒相同。古代民间常在端午制作、饮用,民间以为可避瘟气。《荆楚岁时记》载:"端午,以菖蒲生山涧中一寸九节者,或镂或屑,泛酒以辟瘟气。"据医典记载,艾与菖蒲有一定的药用价值。《本草经》云:"菖蒲主治风寒温痹,咳逆上气,开心孔,补五脏,通九窍,明耳目,出声音。……久服轻身,不忘不迷惑,延年,益心智,高志不老。"

即使在庚子年间慈禧太后与光绪皇帝西逃途中,适逢端午节时行宫内外依然不忘悬挂艾叶、菖蒲。清人胡延曾作《端午缀蒲艾》诗云:"天中谁复佩灵符,处处朱门缀艾蒲。唯有寝宫循旧俗,当楣倒贴纸葫芦。"

雄黄烧酒过端午

杭州有谚语说:"五月五,雄黄烧酒过端午。"民间于此日将蒲根切细、晒干,拌上少许雄黄,浸白酒,亦有单独用雄黄浸酒者,故名"雄黄酒"。民间认为雄黄酒可以驱妖避邪,形成端午节饮雄黄酒风俗。清代诗人李静山在《节令门·端阳》中言:"樱桃桑椹与菖蒲,更买雄黄酒一壶。门外高悬黄纸帖,却疑账主怕灵符。"这种习俗在长江流域比较盛行。民间还将吃剩的雄黄酒或喷洒在房屋壁角阴暗处,或贮藏起来,平日若遇有虫咬红肿,可以涂抹解毒消肿。有井人家,还以雄黄一块,裹以丝棉,投入井中,以祛水中之毒。

雄黄又名鸡冠,是一种矿物质,明代李时珍《本草纲目》载:"性味辛温,有毒,具有解虫蛇毒、燥湿、杀虫、祛痰功效。"

俗语说:"喝了雄黄酒,百病都远走。"唐代孙思邈《千金月令》载:"端午,以菖蒲或缕或屑,以泛酒。"由此可见,饮雄黄酒的习俗,是唐代以后才有的。此前,晋代的葛洪在《抱朴子》中曾提倡单服雄黄,因此可以肯定雄黄酒是炼丹家发明的。到了端午节,成年人都要喝一杯,小孩不会喝酒,大人就用雄黄酒在小孩的额头上写个"王"字,再用雄黄酒涂小孩的耳、鼻及手心、脚心等处,并把雄黄酒洒在床、帐、墙壁及厨房中。《清嘉录》载:"研雄黄末,屑菖蒲根,和酒以饮,谓之雄黄酒。又以余酒染小儿额及手足心。随洒墙壁间,以祛毒虫。"清潘荣陛《帝京岁时纪胜》云:"午前细切蒲根,伴以雄黄,曝而浸酒。饮余则涂抹儿童面颊耳鼻,并挥洒床帐间,以避毒虫。"《中华全国风俗志》记端午节习俗亦云:"五月五日,……饮菖蒲雄黄酒,又用雄黄酒洒墙壁,以辟五毒。"在江苏南京一带,还有端午用雄黄"破火眼"的习俗。《中华全国风俗志》记此俗云:"以清水一盂,入雄黄少许,鹅眼钱二枚(鹅眼钱,小钱别名,言其小如鹅眼也),全家大小,均以此水涤眼,谓之破火眼,一年可免眼疾。"《舆地记》说:"以雄黄涂耳鼻,取辟虫毒之意也。"端午节正是五毒及其他害虫开始猖獗的季节,用雄黄来驱虫蛇、消毒、解痒和消灭各种皮肤真菌、变形杆菌、葡萄球菌等,有一定的作用。这种做法,很类似近代的防疫措施。

江南民间端午节有吃"五黄"的食俗。周作人曾写过一首关于端午的儿童杂事诗:"端午须当吃五黄,枇杷石首得新尝。黄瓜好配黄梅子,更有雄黄烧酒香。"这是浙江宁绍一带的风俗,枇杷、石首(黄鱼)、黄瓜、黄梅和雄黄酒,算作"五黄"。杭州也有吃"五黄"的习惯。钟毓龙《说杭州》载:"杭人谓五月为五黄月。雄黄之外,有黄鱼、有王瓜(王字借音)、有咸鸭蛋中之蛋黄,又用黄豆板以裹粽子,是曰五黄。"夏天是虫蛇等毒物活动的繁盛期,往往会危害到人们的健康,或者人们觉得它们形象丑陋而厌恶它们,端午节便成了"收拾"它们的最佳时机。

现代科学证明喝雄黄酒会引起中毒。雄黄学名硫化砷,化学式可表示为 As_2S_2。与它对应的是雌黄,学名三硫化二砷,化学式为 As_2S_3。由于砷的原子价不同,在纯粹状态时,雄黄无毒,而雌黄剧毒。加之它们的溶解度都很小,如果摄入量不大,通常没有明显的中毒现象。但是这两种砷化物,都能被氧化成三氧化二砷,即剧毒的砒霜。众所周知,砷是剧毒物质,毒性极大。如果有人误服,5~50毫克即可引起急性砷中毒,达到60毫克以上便可致死。中毒表现为恶心、呕吐、腹痛、腹泻或水样大便,便中带血,同时伴有肝、脾、肾功能损害,血压下降和循环衰竭,甚至出现中枢神经系统麻痹、意识模糊、昏迷等,如果再把雄黄酒加热后饮用更加危险。所以,雄黄酒还是不喝为宜,以免中毒。

良辰更上辟兵缯

端午索

东汉应劭在《风俗通义》中说:"五月五日,以五彩系臂者,辟兵及鬼,令人不病瘟。"晋裴玄《新语》云:"五月五日,集五彩缯,谓之辟兵缯。"可见,端午系五色丝辟兵与追求长生之意相同。

这种五彩丝又称长命缕、续命缕、辟兵缯、五色丝、朱索。前述《续齐谐记》屈原鬼魂对欧回所说缚粽子的绳子就是这种五彩丝。这种以红、黄、蓝、白、黑五种颜色绞在一起的五彩丝线不仅象征五行,而且具有辟邪的作用。古时人们用它缚香囊、金银锁片,做儿童兜肚的系带,穿些珠状物戴在手腕上,编结成网兜,装上鸭蛋或独头蒜等挂在幼儿胸口等,以此达到祛邪禳灾的目的。

挂五彩线

　　端午节这类缯、缕、索、结等物,用一个词概括可称为端午索。明刘侗、于奕正《帝京景物略》中说:"(五月)五日之午前,……项各彩系,垂金锡,若钱者,若锁者,曰端午索。"端午索的许多别称从某些角度又可分成几类,一类是从材料的色彩着眼,称朱索、五色丝、五彩缕、五色缕、五彩缯等;从辟兵的角度着眼,称辟兵缯;从延寿的角度着眼,称寿索、长命缕、续

命缕、续命丝、延年缕、长寿钱、百索、百岁索;形制特殊一些的还有合欢结、宛转强等。不管名称如何,端午索的形制和功用则大体相同。就功用言,一般是在端午节悬于门楣,或戴于小儿颈项,或系于小儿手臂,或挂在床帐、摇篮等处,或敬献尊长,以避灾除病、保佑安康、益寿延年。它的形制大体有以下几种:一是简单地以五色丝线合股成绳,二是五彩绳上缀饰金锡饰物,三是五彩绳折成方胜或结为人像等,四是以五彩丝线绣绘日月星辰鸟兽等物。

系五色丝的习俗在我国已有两千年的历史。五彩丝线(有地方用绒线)是用五种颜色的线搓在一起,成为一条细索。按阴阳五行家的观点,五彩丝的青属木,代表东方;赤属火,代表南方;白属金,代表西方;黑属水,代表北方;黄属土,代表中央。认为系在脖颈或手足腕上、佩在胸前或吊在帐及摇篮上的五色线,不论哪一方来的鬼祟都可以镇压住。有的说五色丝象征五条龙,可以祛邪避瘟,佩带的人可以系住性命,保证儿童健康成长,因而把五色丝叫作"长命缕"。有人以为用五色丝可以锁住小孩的性命,于是就在五色丝下缀一个錾刻"长命富贵"或"长命百岁"字样的银质的锁,以为这样可以把小孩锁住,邪鬼恶神就无法把他带走了。

中国古代崇拜五色,以五色为吉祥色。因而,节日清晨,各家大人起床后第一件大事便是在孩子手腕、脚腕、脖子上拴五色线。关于五色丝的来历,还有一个很荒唐的传说:屈原投江以后,一条蛟龙游来要吃屈原的尸体,群众为了保护屈原的尸体,就把一坛雄黄酒倒进汨罗江,药醉的蛟龙浮到水面上,被群众拉上了岸,剥皮抽筋,把龙筋缠在孩子的脖子和手脚腕上,用来惊吓鱼龙虾蟹。后来人们便改用五彩线代替龙筋到端午节使用。

系线时,禁忌儿童开口说话。五色线不可任意折断或丢弃,只能在夏季第一场大雨或第一次洗澡时,抛到河里。据说,戴五色线的儿童可以避开蛇蝎类毒虫的伤害;扔到河里,意味着让河水将瘟疫、疾病冲走,儿童从此就安康了。

汉应劭《风俗通义》载:"五月五日,以五彩丝系臂者,辟兵及鬼,令人不病瘟。"又说彩丝"一名长命缕、一名续命缕、一名五色丝、一名朱索,又有条脱等,组织杂物,以相遗赠"。古时端午节,妇女、儿童皆佩五色丝缕,避邪祛病祈长命。同时节日食品中糁以五色果丝,送人或自食,以示祝祷。

俗语说:"端午节,天气热;五毒醒,不安宁。"在华北部分地区,人们有"驱五毒"活动。每到端午节,人们用彩纸分别剪成五毒形状,贴在门窗、墙壁、炕头上;或用线穿住五毒的头,并在每个毒虫的头上刺一根针或钉子,挂在小孩的手臂上,表示把这些毒虫都刺死或吊死。有的用黄布做成葫芦形的袋子,把用彩纸剪成的五毒装在袋中,表示五毒永远不能外出害人。还有的把剪成五毒形状的彩纸穿成长串,在它的上端系上菖蒲和艾叶,下端穿上三头大蒜,菖蒲和艾表示刀剑,大蒜表示锁,表示把五毒都锁住并杀死。

符图避邪

以符图驱邪避毒也是端午节的传统习俗。符图是我国传统巫术手段的常见材料,应用极其广泛。端午避邪的符早在汉代就已经形成,形式与当时年节避恶的桃印相近。宋代及以后又通行所谓"天师符"。旧时,道教宫观端午节有用朱砂笔在黄表纸上画符馈送或出售者,供民间端一或端五贴在门楣上避邪。钟馗画像也加入了端午避邪的行列。旧时北京，端午节时以朱墨画钟馗像，以鸡血点眼，俗称"朱砂判儿"。符之处的图，主要是所谓"五毒图"。五毒是民间所指的五种毒虫，即蝎子、蜈蚣、壁虎、蟾蜍和蛇（各地说法不一）。俗说图绘或纸剪五毒图挂在门首，就可以避邪驱祟。符和图的使用起初可能是分开的，至晚近则趋于综合。《燕京岁时记》记载北京此俗云："每至端阳，市肆间用尺幅黄纸，盖以朱印，或绘天师、钟馗之像，或绘五毒符咒之形，悬而售之。京城人士争相购买，粘之于中门，以辟祟恶。"

天师符

钟馗捉鬼是端午节习俗之一。在江淮地区,家家都悬挂钟馗像,用以镇宅驱邪。据《唐逸史》《梦溪笔谈》所述,唐明皇开元年间,自骊山讲武回宫,疟疾大发,梦见二鬼,一大一小,小鬼穿大红无裆裤,偷了杨贵妃的香囊和唐明皇的玉笛,绕殿而逃。大鬼则穿蓝袍戴帽,捉住小鬼,挖掉其眼睛,一口吞下。明皇斥问,大鬼奏曰:臣姓钟馗,即武举不第,愿为陛下斩除妖魔。明皇醒来,疟疾痊愈,于是命画工吴道子,照梦中所见画成钟馗捉鬼之画像,诏令天下于端午时张贴,以驱邪魔。《五代史·吴越世家》:"岁除,画工献钟馗击鬼图。"

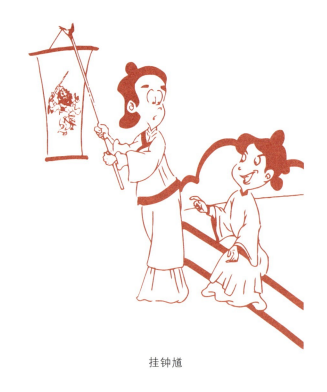

挂钟馗

踏青斗草事青春

端午节有斗百草的习俗。斗百草又名斗草，是我国古代一项尽人皆知并喜闻乐见的游戏风俗，就是用各种花草相斗以决胜负的游戏。"斗草"一词始见于唐。韩鄂《岁华纪丽》说："端午，结庐蓄药，斗百草。"端午踏青归来，人们带回名花异草，以花草种类多、品种奇为比赛内容。斗百草最初是时人在采集中医药时的一种游戏，也是端午节一种最常见的习俗。斗草的起源据说与医药学有密切关系。"神农尝百草"，远古时代我们的祖先就发明用草药治病。古俗认为五月为恶月、毒月，必须采集百草来解厄，以渡过难关。夏代先民已形成五月到郊外采药的习俗，人们拈花撮草，互相比赛，看谁采得多，谁的植物知识丰富，斗草游戏也就自然而然地产生了。

斗百草有两种方法，一种是文斗，一种是武斗。斗百草最先是从武斗开始的。武斗即采一些有草头的草（如车前草）或花打成结，双方互套，然后再撕拉，谁的花草断了，谁就输了。文斗即各人把自己收集的花草拿来，然后一人报一种花草名，另一人接着报，并拿出另一种花草对答花草名称，一直斗下去，直到最后见分晓。玩者为了收集到更多的花草，常常要寻遍山川田野。武斗的大多是儿童，文斗的大多是成人。

斗草最初叫"蹋百草"。宋陈元靓《岁时广记》载："泗人五月五日蹋百草，今人又有斗百草之戏。"早在南北朝时期，此俗就颇为流行。宗懔《荆楚岁时记》载："五月五日谓之浴兰节，四民并蹋百草之戏。"

群婴斗草图

　　隋唐时，斗草之戏相当流行，就连隋炀帝也有"踏青斗草事青春"的诗句。唐宋社会生活繁荣，这种风气最为盛行。白居易《观儿戏》有"弄尘复斗草，尽日乐嬉嬉"的诗句；司空图《灯花三首》有"明朝斗草应多喜，剪得灯花自扫眉"的诗句。韦绚《刘宾客嘉话录》还记载一段安乐公主斗百草的故事。安乐公主为了赢得斗百草，端午前就令人前往南海取"美须"来斗草。后来人们对这种游戏的兴趣越来越浓烈。唐代诗人崔颢《少妇》云："闲来斗百草，度日不成妆。"那些正值青春年华的美丽少妇，对于斗百草竟是那样热衷，简直热衷到了痴迷的地步，因为忙着斗百草，竟连梳妆打扮也顾不上了。

　　宋代以后，斗草风气益盛，不限于端午，春夏两季随时可斗。范成大的《春日田园杂兴》有"青枝满地花狼借,知是儿孙斗草来"之句;柳永的《木兰花慢·清明》词中有"盈盈,斗草踏青。人艳冶,递逢迎"之句。这些诗词描写了春社日和清明节人们玩斗百草游戏的情景。

曹雪芹的《红楼梦》中亦有所反映。《红楼梦》第六十二回描绘了大观园里女孩子们斗百草游戏的场景,颇有情趣。这种斗百草的方法比较文雅,其特点是参加斗草者将自己采集的花草携来斗赛。一人报出自己的草名,其他人以手中的草名对答,其斗法很像对对子。当一个人报出草名别人无可对答时,这个人就胜了。这种斗法较适合于有一定文化素养的人。李汝珍也在他的小说《镜花缘》里,特别写了斗百草的情景,这便是《镜花缘》第七十七回"斗百草全除旧套,对群花别出心裁"。

唐代以后,斗百草逐渐演变为一种日常生活中的游戏,而玩这种游戏的,主要以青年女子和儿童为主。因为有了有趣的斗草游戏,端午节那浓浓的节日气氛,才会那么令人痴迷,令人陶醉。遗憾的是,在岁月的流逝和时代的变化中,斗草这种充盈着诗意美的端午习俗,已与人们的生活渐行渐远,后来竟几近泯迹了。因赢了斗草而"笑从双脸生"这种美妙的生活图景,估计只能从古人的诗文中去领略了。故宫博物院珍藏的清代宫廷画家金廷标的《群婴斗草图》,细致地描绘了十个男婴在武斗中找草、拔草、运草、斗草等全过程,真实地再现了儿童们节日斗草的欢快气氛,为如今的人们了解古代的斗草风俗提供了珍贵的资料。

到了清代,这种风俗仍然存在。对于北方游牧民族来说,踏百草、斗百草似乎太过温柔,于是在辽金时代形成了端午射柳的节俗。对于从边地入主中原的满族人来说,这也是他们的风俗,故而亦被带入京城。潘荣陛《帝京岁时纪胜》云:"帝京午节,极胜游览。或南顶城隍庙游回,或午后家宴毕,仍修射柳故事,于天坛长垣之下,骋骑走鬻。"清人朱彝尊《日下旧闻》详述射柳的由来及竞技方法,其词云:"金因辽俗。重五日,插柳球场为两行,当射者,以尊卑序,各以帕识其枝。去地约数寸,削其皮而白之。先以一人驰马前导,后驰马,以无羽横镞箭射之。既断柳,又以手接而驰去者为上,断而不能接者次之。或断其青处,及中而不能断与不能中者为负。每射。必伐鼓以助其气。"

射柳

骑父稚子香囊佩

陈元靓的《岁时广记》引《岁时杂记》提及一种"端五以赤白彩造如囊,以彩线贯之,搐使如花形,或带或钉门上,以禳赤口白舌,又谓之搐钱",以及另一种"蚌粉铃":"端五日以蚌粉纳帛中,缀之以绵,若数珠。令小儿带之以吸汗也。"这些随身携带的袋囊内容物几经变化,从吸汗的蚌粉,驱邪的灵符、铜钱,辟虫的雄黄粉,发展成装有香料的香囊,制作也日趋精致,成为端午节特有的民间工艺品。

香囊

香囊源于古代的"艾符"。在古代,有人在夏季来临的时候,把艾叶编成老虎形状,或把彩绸剪成虎形,粘上艾叶,插在头发上或佩戴在胸前来祛瘟避邪。后来兴起了佩香囊的习俗。佩香囊一方面是为了襟头点缀,另一方面又有驱邪避疫、健壮体魄的作用。香囊用五颜六色的绸布拼凑缝成三角、桃花、粽子、桑葚、葫芦、瓜果、青蛙、小猴、老虎及五毒等形状,下面缀着用五色丝线串着小珠的小穗,里边装着雄黄、白芷、桂皮、冰片等芳香类中药物,由年轻姑娘精心缝制而成,于端午节开始,姑娘和小孩佩戴在胸前。俗话说:"五彩香囊襟前带,姑娘娃娃逗人爱。"

端午节诗词赏析

节分端午自谁言,万古传闻为屈原。
堪笑楚江空渺渺,不能洗得直臣冤。

——文秀(《端午》)

端午节始于春秋战国之际,其由来说法不一,但以纪念屈原之说影响最广。正是由于屈原的缘故,端午节也因此被称为"诗人节"。唐末江南僧人文秀的这首诗讲述了端午节诸种习俗的由来与人们悼念爱国诗人屈原有关,从而抒发了诗人对屈原的同情和赞美以及对昏君佞臣的鞭打和怒斥。

重五山村好,榴花忽已繁。
粽包分两髻,艾束著危冠。
旧俗方储药,羸躯亦点丹。
日斜吾事毕,一笑向杯盘。

——陆游(《乙卯重五诗》)

四 端午：玉粽袭香千舸竞

此诗作于宋宁宗庆元元年（1195年），此时陆游在家乡绍兴隐居。见多了"飞霜掠面寒压指，一寸丹心唯报国"等表现亡国难收、悲愤沉郁、一片赤诚的陆诗，这首闲适细腻的生活诗确实让我们倍感慰藉。该诗具体描写了当时人们在端午节这天的生活习俗。平淡的闲言琐事在诗人的笔下变得瑰奇纯粹，诗人把生活的真味都寄托在端午生活的描写中，仔细品读，方有所悟。

深院榴花吐。画帘开、练衣纨扇，午风清暑。儿女纷纷夸结束，新样钗符艾虎。早已有、游人观渡。老大逢场慵作戏，任陌头、年少争旗鼓。溪雨急，浪花舞。

灵均标致高如许。忆生平、既纫兰佩，更怀椒醑。谁信骚魂千载后，波底垂涎角黍，又说是、蛟馋龙怒。把似而今醒到了，料当年、醉死差无苦。聊一笑，吊千古。

——刘克庄（《贺新郎·端午》）

本词为南宋诗人刘克庄端午节吊古之作。词人托屈原之事，抒自己的怨愤之情。诗人是个热血男儿，但在当时文恬武嬉、统治者苟且偷安而不思振作的世风中，只能长歌当哭而已。上阕写端午节时当地的事物风光，少年们身穿盛装，争渡看龙舟，而诗人却因年纪大，疏懒于此，这是情怀的不同。下阕赞颂屈原的品格，对端午节民众投粽的民俗予以批评，认为这是对屈原的愚弄，有举世皆浊我独醒之慨。

共骇群龙水上游，不知原是木兰舟。

> 云旗猎猎翻青汉,雷鼓嘈嘈殷碧流。
> 屈子冤魂终古在,楚乡遗俗至今留。
> 江亭暇日堪高会,醉讽离骚不解愁。
> ——边贡(《午日观竞渡》)

明代诗人边贡的这首七言律诗从端午节人们参加、观看赛龙舟的热闹场面开始写起,然后诗人触景生情,流露出自己对屈原的崇敬思念之情,对异乡端午风俗的赞同;同时对自己仕途生涯的忧虑,吐露了诗人闲暇生活中的淡淡哀愁。这首诗沉稳平淡,风格朴质,包含着诗人对爱国民众英雄的崇敬心情。

> 樱桃桑椹与菖蒲,更买雄黄酒一壶。
> 门外高悬黄纸帖,却疑账主怕灵符。
> ——李静山(《端阳》)

日常生活中柴米油盐等花销,都是平时记账赊购,端阳、中秋、除夕三节也是一年中偿还债务的一关。过端阳节的时候,买了樱桃、桑葚、菖蒲,还买了雄黄酒,并且在家门口贴上了辟邪的黄符纸,既有好吃的,也有好玩的。但是高兴之余,还是担心债主会找上门来。清代诗人李静山这首竹枝词艺术地再现了贫困人民真实的生活情况,幽默中带着一点苦涩。

> 屈子当年赋楚骚,手中握有杀人刀。
> 艾萧太盛椒兰少,一跃冲向万里涛。
> ——毛泽东(《屈原》)

此诗作于1961年秋。屈原是毛泽东最喜爱的诗人之一，《离骚》也是他终身爱读的书籍。作者把《离骚》比作"杀人刀"，把"艾萧"之类臭草比作奸佞小人，把"椒兰"等香草比拟贤德之士。这种表现手法非常人所能想象。作者高度赞扬屈原的爱国精神，把屈原的才华、当时的世情以及屈原在悲愤、绝望中的心境精炼而巧妙地作了艺术再现。

五 乞巧：
七夕今宵看碧霄

"迢迢牵牛星，皎皎河汉女。纤纤擢素手，札札弄机杼。终日不成章，泣涕泪如雨。河汉清且浅，相去复几许？盈盈一水间，脉脉不得语"。诗中吟唱的"牵牛星""河汉女"对应牛郎与织女，蕙心兰质如织女，勤劳朴实如牛郎。仙女下凡，老牛谋划，二人相遇定情，婚后幸福美满，男耕女织，儿女成双。不料天威作怒，织女被遣，牛郎携儿苦追，王母心狠，金簪划出天河，恨得苦命鸳鸯隔河不能相见。浩瀚缥缈的银河两岸坐落着牛郎星、织女星，人间岁月长河中则流传着这段撼天悲情，银河为之清浅，人间为之动容。纪念牛郎、织女一年相会一次的那天，称为七夕。

七夕节的由来与变迁

美好七夕——冠之多别称

《梦粱录》中有记:"七月七日,谓之'七夕节'。"七夕巧节,是一个富有中华民族特色的传统节日,也是唯一一个以爱情为主题、女性为主角的特殊节日,原名为乞巧节,又名为七巧节或七姐诞。无论什么名称,与之息息相关的主角是牛郎与织女,憨厚朴实的牛郎,聪明伶俐的织女在人们心中喜欢的程度似乎更胜一筹,一系列的七夕节俗更多倾向于女性的代表——织女。心灵手巧的织女掌管着天庭的丝织,七夕这一天,女孩子们通过一系列的"乞巧"活动,希望自己能够像织女一样心灵手巧,故名为"七夕巧节"。"乞巧节"这一名称比"七夕节"更广为人们所熟知。

在传统汉民族家庭里,男女分工明确,男主外,女主内,黄梅戏《天仙配》中唱的"你耕田来我织布",正是男耕女织的经典形象。在古代往往以丝织技术的擅长与否作为判断女子是否心灵手巧的标准。参加七夕节的多是未婚嫁、还没有正式踏入婚姻生活的少女,出于这个缘故,七夕节又通常被称为"女儿节"或是"少女节"。

七夕,这样一个知名度很高、极受人们钟爱的节日,名称自然很多,除了广为人知的"乞巧节""女儿节""少女节"等名称,还有一些别致精巧的"小名",同样是趣味盎然,充满诗情画意。这里列举几个:

"双七":七月七日,这一天的日、月都是"七",所以称为"双七"。

"香日":这一天牛郎织女相会,一年一相会,织女自然醉心于修饰,胭脂水粉抹得过多,满天飘香,故称为"香日"。

"星期":这个"星期"不同于平日使用的计时单位,而是牛郎星和织女星分处银河两端的星星所在方位非常特别,一年才能相遇一次,所以把这一天称为"星期"。清代朱昂有词《菩萨蛮》曰:"银河光隐隐,料是星期近。"近代况周颐的《蕙风词话续编》卷一也说:"附会星期,描抚月夕。比作人间欢爱。"诗句中的"星期"正是代指这两个苦命情人的相会之期。

"巧夕":这个名称来源是这一天举行的乞巧活动,《荆楚岁时记》中有"是夕陈瓜果于庭中以乞巧"。将"乞巧节""七夕节"合为"巧夕",多了点活泼轻快的味道。

"兰夜":"农历"是我国特有的一种传统历法,创始于夏代,流传至今,又称为"夏历""阴历""旧历"。农历七月在古时候又称为"兰月",所以"七夕"又称为"兰夜"。

"小儿节":七夕这一天,除了少女乞巧,还有小儿乞智等活动,故有"小儿节"之称。

"穿针节":这个名称直截了当,所谓乞巧,多为穿针乞巧,唤作"穿针节"也是名至实归。

这些别有味道的"小名",给七夕节涂抹了轻松活泼的色彩,让朴实的民间氛围更为浓厚。文化传承,节俗不息,牛郎织女的故事或是传说,可是纪念传说的日子却约定成俗,流传至今。2012年,乌丙安、叶舒宪等专家学者共同倡议将七夕节列为国家法定节假日。

名称来源——何以称"七夕"

"七夕"名称的最早来源有不同的说法:

自然崇拜说——将七夕最早来源追溯为人们对自然的崇拜。从历史文献上看,至少在三四千年以前,随着人们对天文现象认识的加深和纺织技术的产生,他们认为东西南北各有七颗代表方位的星星,合称二十八星宿,其中以北斗七星最亮,可供夜间辨别方向。北斗七星的第一颗星叫魁星,又称魁首,所以后来有了科举制度,中状元的叫"大魁天下士",读书人就把七夕叫作"魁星节",又称"晒书节",这是"七夕"来源于星宿崇拜的痕迹。

时间崇拜说——有说"七夕"来源于先民对时间的崇拜。"七"与"期"同音,月和日均是"七",给人们以时间感。古人把日、月与水、火、金、土五大行星合称"七曜"。七数在民间表现为时间上的阶段性,在计算时间时往往以"七七"为终局,老北京人在给亡人做道场时往往以满"七七"为完满,以"七曜"计算现在的"星期",在日常用语中尚有保留。"七"又与"吉"谐音,"七七"又有双吉之意,是个吉利的日子。在台湾地区,七月被称为"喜中带吉"月,因为喜字在草书中的形状好似连写的"七十七",所以把七十七岁又作"喜寿",这正是对"七夕"中"七"字解释的延伸,也是对"七夕"来源于时间崇拜看法的说明。

谐音成节说——来集之的《倘湖樵书》中就有问:"凡单月

而日数与之同,则取之为节,而七月七日则以夕为节,何耶?"即是奇数月中,日数与月数相同,就取为节日。书中解释道:"五与午声相同,五月五日取节于午,七与夕音相近,七月七日节于夕。"故有"七夕"的说法。

关于"七夕"名称的来源,大致有以上三种说法,不论是对自然的崇拜还是对时间的崇拜,还是就读音上的谐成,世人谈及七夕,不约而同都会联想到牛郎织女的传说,七夕节日就是起源于这段美好而动人的爱情故事,传说故事背后是配合着时令与天文景象的缘由。

相卧而看——牵牛织女星

将"七夕"称为中国的情人节,主要从"七夕"传说看,它发端于我国四大民间传说之一的牛郎织女的故事,也是在我国民间流传时间最早、地域最广的传说,在我国民间文学史上具有十分重要的地位。

东汉时,著名的抒情古诗《迢迢牵牛星》载:"迢迢牵牛星,皎皎河汉女。纤纤擢素手,札扎弄机杼。终日不成章,泣涕零如雨。河汉清且浅,相去复几许。盈盈一水间,脉脉不得语。"晴朗的夏夜,繁星闪烁。一道银白闪亮的银河横贯南北夜空,和银河的东西两岸,有一对晶光闪亮的星星,隔岸苦守,遥遥相望,这就是人们口口相传、津津乐道的牵牛星和织女星。千百年来,在他们身上演绎的爱情故事,深深打动了一代又一代人的心灵。

相传,织女是玉皇大帝的第七位公主,她十分向往人间生活。牛郎父母早逝,又常受到哥嫂的虐待,只有一头老牛相依为命。老牛给他出了计谋,教他怎样娶织女做妻子。到了那一天,美丽的仙女们果然到银河沐浴,并在水中嬉戏。这时藏在芦苇中的牛郎突然跑出来拿走了织女的衣裳,惊慌失措的仙女们急忙上岸穿好衣裳飞走了,唯独剩下织女,在牛郎的恳求下,织女答应做他的妻子。

婚后牛郎织女生活得十分幸福美满,织女还给牛郎生了一儿一女。后来老牛要死去的时候,叮嘱牛郎要把它的皮留下来,到危难时披上以求帮助。老牛死后,夫妻俩忍痛剥下牛皮,把牛埋在山坡上。天庭的玉帝和王母娘娘知道织女和牛郎成亲的事情后,勃然大怒,命令天神下界抓回织女。天神趁牛郎不在家,抓走了织女,牛郎回家不见织女,急忙披上牛皮,担了两个小孩追去,眼看就要追上了,王母心中一急,拔下头上的金簪向银河一划,昔日清浅的银河一刹那变得浊浪滔天,牛郎再也过不去了。

从此,牛郎织女只能泪眼盈盈,隔河相望。天长地久,玉皇大帝和王母娘娘也拗不过他们之间的真挚情感,准许他们每年七月七日相会一次,互诉衷肠。相传每逢七月七日,人间的喜鹊就要飞上天去,在银河间为牛郎织女搭鹊桥相会。此外,"七夕"夜深人静之时,人们还能在葡萄架下或其他的瓜果架下听到牛郎织女在天上的脉脉情话。

这则神话故事,人们习惯上称为"天河配"或是"鹊桥仙"。这样的千古绝唱则被更多演绎在现今的戏剧、电视剧、电影、戏曲中,甚至连环画、图书、文学作品等中,影响力大,经久不衰。牛郎织女的传说亦成为古来文人墨客对月吟诗的灵感与素材。爱情是个永恒的话题,拨弄着文人骚客的心,试看宋代大诗人秦观的千古名篇《鹊桥仙》:

纤云弄巧,飞星传恨,银汉迢迢暗度。金风玉露一相逢,便胜却人间无数。

柔情似水,佳期如梦,忍顾鹊桥归路。两情若是久长时,又岂在朝朝暮暮。

尤其是最后两句"两情若是久长时,又岂在朝朝暮暮",缠绵之情如水荡漾,如梦迷离,蕴含着深厚的人生哲理和崇高爱情的理想境界,成为千古传诵的佳句。可见,以七夕为节日,以牛郎织女为素材的诗句,打动了多少文人骚客的心。

迢迢银汉,鹊桥渡仙

如此一个动人的民间传说,一段拨动心弦的佳话,是经过数代人口耳相传,加之不同时代人们的想象与主流祈盼,才得有"天长地久有时尽,此恨绵绵无绝期"的佳唱。童年的我们是一个个爱数天上星星、有无限幻想的孩子,仰望神秘浩瀚的星空,最喜欢找出天际之间最亮的那颗星星,念念不忘牛郎星与织女星的传说。孩提时的记忆深处早已打下牛郎的忠厚、织女的美丽、老牛的善良、一对儿女的可爱、王母娘娘的狠心等鲜活人物的烙印。如今枝叶繁茂的葡萄架、躺着的藤椅、摇着的扇子不复存在,就算儿提记忆模糊,哪怕岁月如何掩盖,也会记得童真善言,祈祷传说成真的感觉。牛郎和织女,金风玉露一相逢,好一个便胜却人间无数。

改头换面——"中国情人节"

七夕文化作为节俗文化,象征着忠贞的爱情,淳朴的美德。这些赋予了七夕强大的生命力,积淀着深厚的民族心理认同感。到了现代,七夕节浓于表达男女之间"愿得一人心,白首不分离"的美好愿望,被人们正式称为"爱情节"。七夕节经过人们的改造,与传统节俗不同的是,旧时的乞巧风俗彻底淡出。在中国大陆,商家疯狂炒作洋节,成为商业促销的一大良机,而传统节日,如七夕这样知名度比较高的节日,均呈现出失落之态,人们对七夕节甚至比不上西洋舶来品"情人节"的热衷。

让我们感到欣慰的是,2006年5月20日,七夕节被国务院列入第一批国家非物质文化遗产名录。尽管如此,这种传统节日渐行渐远的现象,不免令人深思。

趣味盎然的七夕风俗

乞巧,顾名思义,是向织女乞求巧智的意思。它是七夕节的主要活动,趁着牛郎织女相会的时候,年轻女子们向心灵手巧的织女乞求一双巧手和一副巧艺,乞求她传授给自己纺纱、织布、缝衣的手艺。乞巧的含义并不局限,清人潘荣陛在《帝京岁时纪胜》中载有"儿女对银河拜,咸为乞巧"。小儿女们,遥拜银河,乞巧祈福。

关于乞巧的来源,早在汉代,东晋葛洪的《西京杂记》有"汉彩女常以七月七日穿七孔针于开襟楼,人俱习之"的记载,这便是古代文献中所见到的关于乞巧一词最早的记载。到了宋代,乞巧活动最甚,有记载:"东京潘楼前有乞巧市,卖乞巧物,自七月初一为始,车马喧阗。七夕前两三日,车马相次雍遏,不得复出,至夜方散。"河南开封有多处专门出售乞巧物品的市场,每逢七夕,市面上就出现了"乞巧市",专门销售各种乞巧用品,可见从乞巧市场中购买乞巧物是十分兴盛,由此可推知当时七夕乞巧节日的热闹景象。人们从七月初一就开始置办乞巧物品,乞巧市场车水马龙,人流涌动,热闹非凡。一般的百姓们用竹木或麻秆编成"乞巧棚",民间琳琅满目的乞巧制品充分体现了劳动人民的聪明才智和勤劳朴素的品质。

传说织女有一手绝活,能织出彩霞一般的锦绣,让人间的女子无比倾慕。织女心地善良,乐于助人,每到七夕这一天,就会把自己的"巧"传授给人间的女子。严凤英于黄梅戏中唱道:"到人间巧手,同绣好山河。"七夕节日中,"乞巧"便是习俗的重中之重,它不仅是人们美好心愿的反映,更多的是对一种社会文化的认同。

穿针乞巧于月下

穿针乞巧是最早也是流传最久的乞巧方式,始于汉朝,流行于后世。《西京杂记》所载"汉彩女常以七月七日穿七孔针于开襟楼,人俱习之",不仅是乞巧的最早记载,同时也是穿针乞巧的最早记载。西晋周处《风土记》记载:"七月七日,其夜洒扫庭中,露施几筵,设酒脯时果,散香粉于筵上,以祀河鼓、织女,言此二星神当会。守夜者咸怀私愿,或云:见天汉中有奕奕白气,有耀五色,以此为征应,见者便拜而愿,乞富乞寿,无子乞子,唯得乞一,不得兼求,三年乃得言之,颇有受其祚者。"七月七日这天,庭院打扫干净,铺上凉席,搬来桌椅板凳,摆好美酒、果脯以及时令鲜果,撒上香粉,便可以跪拜许愿,愿望不可多求,只得其一,并且三年之后才能说出这个愿望来。

到了南北朝,南阳人宗懔在《荆楚岁时记》中记载:"七月七日为牵牛织女聚会之夜。是夕,家妇女结彩楼,穿七孔针,或以金银输石为针。"这便是七夕节女子们结彩线穿七孔针之

汉宫乞巧图(宋·李嵩)

俗,是"穿针乞巧"的完整记载。南朝梁人顾野王在《舆地志》中还记载了齐武帝起层城观,七月七日,宫人多登之穿针,世谓之穿针楼,意即齐武帝修了一座右铭城观,每到七月七日,宫女都登上城楼来观穿针,世人称之为"穿针楼"。可见七夕当日,无论是百姓家还是宫廷内,乞巧穿针乃是主要且必不可少的习俗之一。

南朝刘孝威《七夕穿针》云:"缕乱恐风来,衫轻羞指现。故穿双眼针,持缝合欢扇。"将女子穿针的温柔百态重现出来。在唐诗宋词中,女子乞巧被屡屡作为诗词素材,如穿针乞巧的风俗在诗人崔颢的《七夕》诗中可见一斑:"长安城中月如练,

供果焚香,穿针比巧

家家此夜持针线。仙裙玉佩空自如,天上人间不相见。"五代王仁裕《开元天宝遗事》说:"七夕,宫中以锦结成楼殿,高百尺,上可以胜数十人,陈以瓜果酒炙,设坐具,以祀牛女二星。妃嫔各以九孔针五色线向月穿之,过者为得巧之候。动清商之曲,宴乐达旦。士民之家皆效之。"在唐代除了穿针乞巧,大家还要摆上瓜果美酒以及座椅来祭祀牛郎星和织女星。

当时使用的七孔针或是九孔针,并非是我们现在使用的针,《醉翁谈录》云:"其实此针不可用也,针褊而孔大。"有意思的是,当时人们穿针的时候总是选择比较高的地方,比如开襟楼、结彩楼,或是在建筑高台上,挂上各种彩色锦,装点漂亮,可见女孩子们在七夕当日对穿针活动的讲究和重视。

抛来蛛丝盒中藏

"藏蛛于盒,以蛛网疏密来比巧"这种乞巧方式稍晚于穿针乞巧,但也非常流行,各个朝代具体做法和要求略有不同。梁宗懔的《荆楚岁时记》载:"是夕,陈几筵瓜果于庭中以乞巧。有喜子网于瓜上,则以为符应。"应巧之象是瓜果上有网。

五代王仁裕《开元天宝遗事》中记载了唐玄宗与杨贵妃在华清宫游宴举行乞巧活动,文中描绘道:"七月七日……各捉蜘蛛,闭于小盒中,至晓,开视蛛网稀密,以为得巧为侯。密者言巧多,稀者方巧少,民间便效之。"这是自汉代用蜘蛛占卜吉凶之后,发展到唐代,已是用蜘蛛来卜巧了。应巧之象是看蛛网的稠密状况。

宋朝孟元老《东京梦华录》说:七月七日"以小蜘蛛安合子

内,次日看之,若网圆正谓之得巧"。宋周密《乾淳岁月记》说,"以小蜘蛛贮合内,以候结网之疏密为得巧之多久。应巧之象,其一看网的形状是否又圆又正,其二看网的疏密状况。"北宋欧阳修有诗云"拂面蜘蛛占喜事,入帘蝴蝶报人家",说的就是这种以蜘蛛结网疏密来占卜巧拙的游戏。

藏蛛于盒,试比谁巧

明代田汝成的《熙朝乐事》中有记载:七夕"以小盒盛蜘蛛,次早观其结网疏密以为得巧多寡"。即在七月初七晚,将捉来的喜蛛(一种红色的小蜘蛛)放在首饰盒里或其他器皿里,第二天清晨,打开盒子观察蜘蛛结网的情况,如果网结得方圆得体,疏密有致,即预示着这位乞巧者"得巧"最多。

这一习俗充满趣味,相比较穿针这样的"技术活",喜蛛应巧带有"碰运气"的成分,增加了节日的活泼氛围。

送将水碗丢巧针

投针应巧又叫"丢针儿""丢巧针""浮巧针",是一种非常简单的乞巧方式,只要把针投在碗中的水里,观察针在水中的日影即可判断是否应巧。据记载,这样的活动在明清时期的北方比较流行。

佳节女儿,投针验巧

明代沈榜的《宛署杂记》有记:"七月七日,民间有女家,各以碗水曝日下,会女自投小针泛水之面,徐视水底,日影或散于花,动如云,细如线,粗如槌,因以卜女之巧。"这是"穿针乞巧"发展到"浮针乞巧"的明证,这一风俗又叫"丢针儿"。

明万历《顺天府志》也有关于七月浮巧针的相应记载:"七日,民间女家盛水暴日,令女投水针浮之,初水底日影散如花,动如云,细如线,粗如槌,卜其巧拙。"

类似的记载尚有很多,如《燕京岁时记》说:"京师闺阁,于七月七日以碗水暴日下,各投小针,浮之水面,徐视水底日影,或散如花,动如云,细如线,粗如锥,因以卜女之巧拙。俗谓之丢巧针。"清代吴曼云《江乡节物诗》云:"穿线年年约北邻,更将余巧试针神。谁家独见龙梭影,绣出鸳鸯不度人。"

清朝,在沿袭明代乞巧风俗丢巧针的基础上,又出现了"掷花针"之俗,所投之物为松树的叶子,即松针。还有以麦芽嫩豆投放水中等多种乞巧花样。这个麦芽嫩豆就是"巧菜",人们相信麦苗是牵牛之神,摘下来放入水盆里,让"巧菜"漂浮在水面上,她们一边投"巧菜",一边唱歌谣:"巧芽芽,生的怪,盆盆生,白布盖。今天把你摘下来,姐姐妹妹照影来,又像花来又像菜,看谁心灵手儿快。"

亲人围坐吃巧果

乞巧应节食品中,以巧果最为有名。巧果又名"乞巧果子",宋人孟元老的《东京梦华录》中称之为"笑厌儿""果食花样",款式花样丰富,是七夕节传统祭品和美点。在现在的山东地区,吃巧果仍然是七夕的传统活动之一。

巧果的原料是面、油、糖、芝麻、蜜等。乞巧果子分为面巧和粉巧，前者用麦面做成，后者用糯米面做成。制作的过程不算复杂，先把面粉、芝麻、糖、蜜和均匀，然后像擀面条一样擀成薄皮，再根据需要切成不同的形状，放在油中炸成金黄色，也有用炉烤成金黄色的，甜、脆、香，满口留香。乞巧果子也是对女子烹调技艺的一种考验。

巧果

除了巧果，人们用面粉还会做出其他的花色糕点。如今浙江的宁波、温州等地，在七夕这天，人们还会用面粉捏制成各种形状的食物，放到油锅里煎炸后，也称为"巧果"。晚上还会在打扫干净的庭院里，摆上巧果、莲蓬、白藕、红菱等，与家中亲友围坐在一起，漫话七夕佳节，尽享人间之乐。

以乞巧为主题的七夕节俗活动，举不胜举。乞巧的方式不拘于一，根据所乞求对象的心愿，祈祝不同的目的，如乞巧歌里所唱的"乞手巧，乞貌巧；乞心通，乞颜容；乞我爹娘千百岁；乞我姊妹千万年"。可见乞巧形式之多，所乞内容之丰。

女子种生以求子

所谓"种生"就是求子之意。有些地方在七月初七前几天把绿豆、红豆或者小麦的种子(五种谷物)浸泡到瓷器里,然后等长出数寸高的嫩芽时,再用红色和蓝色的绳子扎成一束,等到七夕这天拿出来祭祀牵牛星,这就叫作"种生",又叫"五生盆"或"生花盆"。这种习俗兴起于宋代,流行于元代。

邻家小女,种生求子

元杂剧《梧桐雨》第一折中有:"龙麝焚金鼎,花萼插银瓶,小小金盆种五生。供养着鹊桥会,丹青帧。"不仅如此,在元代,七夕这天不仅要金盆种生,还要悬挂鹊桥会的图画。明陶宗仪《辍耕录·绿窗遗稿》引元孙淑诗:"乞巧楼前雨乍晴,弯弯新月伴双星。邻家小女都相学,斗取金盆看五生。"可见种生别有一番风趣。

清潘荣陛《帝京岁时纪胜》载:"七夕前数日,种麦于小瓦器,为牵牛星之神,谓之五生盆。"《东京梦华录》提到,开封以绿豆、小豆、小麦于瓷器内以水浸之,生芽数寸,以红蓝彩缕束之,谓之种生。种豆芽不仅是祈子,还有应巧的意思。

捏塑供奉磨喝乐

"磨喝乐"也写作"磨合罗""摩睺罗",它是梵语 mahoraga 的音译,原为佛教八部众神之一,最初形象是蛇首人身,传入中国以后演化为天真儿童的形象,穿着荷叶做的衣服,裸着半臂,手持荷叶。唐宋时,人们按照它的形象制作了一种土泥偶人,成为民间七夕节祭祀牛郎、织女的物品。

宋代孟元老《东京梦华录》载:"七月七日,潘楼街东宋门外瓦子、州西梁门外瓦子、北门外、南朱雀门外街及马行街内,皆卖磨喝乐,乃小塑土偶耳,悉以雕木彩装栏座,或用红纱碧笼,或饰以金珠牙翠,有一对值数千者。禁中及贵家与士庶为时物追陪……皆于街心彩幕帐设出络货卖。七夕前三五日,车马盈市,罗绮满街,旋折未开荷花,都人善假做双头莲,取玩一时,提携而归,路人往往嗟爱。又小儿须买新荷叶执之,盖效颦磨喝乐。儿童辈特地新妆,竞夸鲜丽。"这段文字记载了北宋都城汴梁七月七日热闹非凡的盛况,各大街都有卖"磨喝乐"的地方。磨喝乐本身只是一个泥塑的玩偶,但都用彩色的雕木给它做栏座,或是用红色的纱稠、绿色的笼子给它罩起来,又或者装饰上金子、珍珠、翡翠等,有的一对磨喝乐价值数千钱,价格不菲。"市井儿童,手执新荷叶,效'摩睺罗'之状",可见这样的形象很受孩童的欢迎与效仿。

捏塑成像,供摩睺罗

王金栋在《"磨喝乐"考》中也再现了乞巧的风俗:"在杭州,七月七日有一种乞巧的风俗,'女郎望月,瓜果杂陈,瞻计列拜,次乞巧于牛女,或取小蜘蛛以金银盒盛之,次早观其网丝圆上,名曰得巧'。同时还把磨喝乐视为巧儿,可能是因为磨喝乐嗔眉笑颜的小儿形象,正是乞巧的妇女们所渴望得到的。"

磨喝乐成为家人团聚、欢乐幸福的象征,也正符合人们的心理需要,特别增加了牛郎织女相会又离别的故事后,满足了人们情感上的空虚,所以人们十分喜爱这样一种偶像。

咸怀私愿拜织女

七月初七的晚上,浩瀚无际的星河越显璀璨,在牛郎织女一年一度相会的美好时刻,人间很多年轻的少女或刚结婚的女子相互约定好一起拜织女,有些地方限定七个人,但也有不作要求的,诚心诚意参加即可。仪式通常为:将庭院打扫干净后,摆上桌椅,上面供奉着瓜果,如香瓜、枣、花生、瓜子、苹果等,还有美酒。除此之外,还采摘时下的各种鲜花,比如黄瓜花、芝麻花、南瓜花等放在桌子上。等人数凑齐后,大家便一起焚香,跪下许愿。向织女乞巧的愿望,大多是希望自己能像织女那样聪慧手巧。年轻的姑娘一般还祈祷自己有一桩好的姻缘,盼望与心爱的人长相厮守;少妇们则希望自己早生贵子。

另外,根据求愿者自身不同的想法和心愿,也就是"咸怀私愿",也有向织女乞富、乞寿、乞子、乞爱情、乞聪明等。经济不富裕者乞求财富;身体羸弱者乞求长寿;没有儿子的乞求贵子;没有婚嫁的乞求美好姻缘爱情;小儿乞求聪明;文人墨客乞求巧文,等等。诸多心愿中,连续乞求二三年方显心诚,所谓心诚则灵。用瓜果袋子祭拜织女,民间有传说,织女除了管理妇女纺织之外,还主宰瓜果生长,所以在七夕的供品中,除了茶、酒、乞巧果等之外,还要有新鲜的瓜果。人们轮流在供桌前焚香祭拜,默祷心愿,祈求织女保佑来年瓜果丰收。有些地方将所用花粉一半投于房顶,一半留作自用,以求与织女一样兰质蕙心,聪颖可爱。

男子庙中拜魁星

魁星有两种含义:一是星名,指的是北斗七星中前四颗星,即天枢、天璇、天玑、天权的总称。二是指中国古代神话中主文运、文章的"奎星"。"奎星"是中国古代天文学中二十八宿之一。东汉纬书《孝经援神契》中有"奎主文章"之说,后世道教把它吸收进来,附会为神,建奎星阁并且塑神像以崇祀之,视为主文章兴衰之神。科举考试兴起后,又改"奎星"为"魁星",参加考试的书生都很敬重它。

魁星升天做了神仙,主管天下文人士子的科举文运,其星宿位于北斗七星的第一颗,乃"魁首"之意。民间流传农历七月七日是魁星的生日,闽东一带的读书人都对其很敬重,于是有了"七月七,拜魁星"之俗。后来科举士子考中状元时都用"大魁天下士"或"一举夺魁",也是因为魁星主管考运的缘故。

在我国闽东地区有拜魁星的仪式。在七夕节的晚上,摆上一张香案,香案上摆着一个纸糊的魁星(高二尺多,宽五六寸,蓝面环眼,锦袍皂靴,左手斜捋红髯,右手执朱笔的形象),祭品一般是煮熟的羊头,并在羊角上束红纸。拜完魁星,大家还要玩一种叫作"取功名"的游戏,准备好桂圆、榛子、花生三种干果,分别代表状元、榜眼、探花,大家围坐一桌,由一人手执三种干果在桌上抛掷,哪一种干果落到某人面前就预示着某人得中哪个名次。等到参与活动的所有人都获得一定的名次后,就开始燃放鞭炮,烧掉纸糊的魁星,寓意送神仙上天。

男拜魁星,佑我科举

晒书翻经结善缘

我国很早就有文献记载晒书的事宜,《尔雅翼》卷二:"荆楚之俗,七月,曝经书及衣裳,以为卷轴久则有白鱼。"汉代崔寔《四民月令》也曾提及在七月七日晒书晒衣而不被虫蛀之事。《太平御览》卷三引晋王隐《晋书》云:"时七月七日,高祖方曝书。"明陶宗仪《南村诗集》卷二《七夕次万山韵》载有"曝书偶忘今朝是,乞巧欣逢此夕临"。毛奇龄《七夕》载:"向夕陈庭尝下果,连年每晒腹中书。"可见晒书在我国古代是一件非常重要的事情。据民间传说七月七日这一天是龙王爷"晒鳞日",是人们晒书、晒衣服的好时节,佛寺中也要在这天举行晒书翻经仪式。

晒书翻经,愿修福寿

晋朝"竹林七贤"之一的阮咸与北阮晒书相抗,以竿挂大布犊鼻裈(大裤衩)曝衣,并且回答"未能免俗",意思是自家没有东西可晒,但又不能免于世俗之风。而南朝宋刘义庆

《世说新语·排调》中的记载更加有趣:郝隆在七月七日中午袒腹于院中,谓晒肚中书,可见郝隆是一个学富五车的才子,亦是一个不拘小节的狂士。盖自谓满腹诗书,亦是晒书的著名典故。晒书遂成为文人墨客显露才学、展示品趣的一种特别方式。

狂士郝隆,坦腹晒书

乞巧节诗词赏析

在我国光辉灿烂的诗歌海洋中,爱情历来都是备受称颂、为人津津乐道的一大主题,七夕佳节是歌颂爱情的美好节日,它的独特性在于,它是唯一一个以女性为主角、以爱情为主题的传统佳节。在中华诗歌史上,以七夕为题材的好词佳句,不胜枚举。

> 迢迢牵牛星,皎皎河汉女。
> 纤纤擢素手,札札弄机杼。
> 终日不成章,泣涕零如雨。
> 河汉清且浅,相去复几许?
> 盈盈一水间,脉脉不得语。
> ——佚名(《迢迢牵牛星》)

这首诗堪称为以牛郎织女为写作素材的经典之作,作者将天河两岸、苦苦相恋却难以相见的一对有情人,言牵牛曰"迢迢",状织女曰"皎皎",可想二星距离之遥远,将二人一岁一相逢的不舍娓娓道出,纵然织女纤纤素手弄机杼,却织不出一段布匹,眼泪如同下雨般零落。最后四句诗让人感怀悲悯,银河看起来清浅,可两岸相隔又有多远呢?虽然只隔着浅浅的一弯水,但他们只能含情凝视,无法言语。诗人所要呈现的画面感强烈,最后两句不禁让人联想到后世词人柳永那首饮誉词坛的《雨霖铃》,"执手相看泪眼,竟无语凝噎",爱恨离愁,难遣相思之苦。

> 缕乱恐风来,衫轻羞指现。
> 故穿双眼针,持缝合欢扇。
> ——刘孝威(《七夕穿针》)

作品题目开门见山,让人看题雪亮,七夕穿针是乞巧节流传最盛的节俗之一,诗中呈现的画面感立体感十足,"衫轻羞指见"将女子月下风中、衣衫轻薄,乞巧穿针,手指若隐若现,低头温柔百态的场景,几句妙语便呈现得淋漓尽致。最后两句中的"双眼针""合欢扇"描述的正是男女相会时,女子娇媚羞涩,低头不语,只顾穿针缝扇的情景,心中所念所感,皆融于手中所缝合之物。在七夕这样美好动人的节日里,穿针女子祈求心灵手巧之余两情相悦,向往美好婚姻、幸福、美满生活之态,将小女子的心思细腻且纯真地刻画出来。

牵牛出河西,织女处其东。
万古永相望,七夕谁见同。
——杜甫(《牵牛织女》)

原文共有36句,这里节选其中著名的前四句。诗中描写道,牵牛在河之西,织女处河之东,二人隔河不能相见。梁朝吴均《齐谐记》中有问"织女何事渡河",答曰"织女暂谒牵牛",意即万古岁月中,只有七夕才能相见一诉衷肠。杜甫此诗,看似坐实,而妙在实非坐实,结合自己坎坷的身世,发出了理想难于实现的无奈喟叹。

烟霄微月澹长空,银汉秋期万古同。
几许欢情与离恨,年年并在此宵中。
——白居易(《七夕》)

全诗格调悲怆而凄凉,首句入景即情,烟、月、长空,组成了一幅烟雾缥缈、月光朦胧、长空遥遥的画面,"秋期"指的是一年一度的相会之日七夕,每逢七夕,都是这般模样。这首七绝倚为名言的最后两句"几许欢情与离恨,年年并在此宵中",

神话故事中织女为天帝的孙女,常年织造云锦,来到人间,自嫁与河西牛郎后,织造乃断,天地大怒,责令她与牛郎分离,只准每年七夕相会一次,可想这一对苦命鸳鸯的爱恨离愁,诗中"欢情与离恨"一并表达对织女的无限同情。"年年并在此宵中"又是对第二句的呼应,全诗表达了对牛郎织女七夕之际才得以相见的同情与伤感。

  银烛秋光冷画屏,轻罗小扇扑流萤。
  天阶夜色凉如水,卧看牵牛织女星。
      ——杜牧(《秋夕》)

  这首以牛郎织女为素材的诗句,是写宫廷中失意宫女的孤寂幽怨。首句写秋景,用"冷"字渐而勾勒出清凉的画面:秋夜,白色的烛光映着清冷的画屏,宫女手执绫罗小扇,轻盈地扑打流萤。烛光映照在画屏中,百无聊赖的宫女打发时光只能扑打流萤,将主人公内心的寂寞无助刻画出来,天街上的夜色有如井水般清凉,说天街凉如水,不如说内心的凄凉与悲怆。末句借羡慕牛郎织女,抒发心中的悲苦。蘅塘退士评曰:"层层布景,是一幅着色人物画。只'卧看'两字逗出情思,便通身灵动。"

  牵牛河东织女西,相望千古几时期。
  夜深只恐天轮转,地底相逢未可知。
      ——赵孟頫(《七夕》)

  诗的前两句,开门见山地借用牛郎织女的传说,描写出牵牛星织女星分别位于银河两畔,两星苦苦相望千百年。与杜甫《牵牛织女》一诗中的"万古永相望"实则大同小异,世人皆知牛郎织女隔河相望,只有七夕一聚。诗的后两句却是出人意料,诗人所作异想可谓匪夷所思,"天轮转""地底相逢"又接一语"未可知",看似异想天开,实则顺理成章,神话传说不好揣测,表现了诗人的现实主义倾向。

六 中秋：
八月十五夜玩月

　　大文豪苏轼，皓月当空下，举杯而兴叹："明月几时有？把酒问青天，不知天上宫阙，今夕是何年？"中秋月圆，诗人望月怀远，将思念与怀想寄予明月，遗世而独立，发幽情与哲意，"人有悲欢离合，月有阴晴圆缺"，传为千古，且唱东坡《水调》，清露下，满襟雪。

　　自古以来，月亮是文人骚客一遣悲欢离合的人格化事物。无论是花好月圆共吉祥，还是阴晴圆缺古难全，中秋，这个玩月、赏月、拜月、祭月的节日，作为我国仅次于春节的第二大传统节日，华夏子孙，无论身在何处，举头遥望明月，低头思念故乡，无论心在何方，但愿人长久，千里共婵娟！

中秋节的由来与演变

宋人吴自牧《梦粱录》载:"八月十五日中秋节,此日三秋恰半,故谓'中秋'。"农历八月十五是我国一年一度的中秋节。提及中秋,脑海里浮现出一轮皎月当空照,孩子们在庭院里玩耍着转圈奔跑的画面,家人早已将果盘月饼摆放在圆桌上,大人们喊孩子来吃月饼、吃菱角,孩子们拍着手,连唱带说道:"八月十五月正圆,中秋月饼香又甜。"孩子们的童真,大人们的笑脸,阖家团圆的幸福,共享天伦之乐的画面,彰显着中秋是个美好又和满的节日。

天涯海阁间,若隐一轮皎月,《梦粱录》中有"此际金风荐爽,玉露生凉,丹桂香飘,银蟾光满"。中秋之夜,天气舒爽,冷露无声湿桂花,点点生凉飘桂香,皎洁一轮高空而挂,人间已是热闹繁华。"王孙公子,富家巨室,莫不登危楼,临轩玩月,或登广榭,玳筵罗列,琴瑟铿锵,酌酒高歌,以卜竟夕之欢。"王公子弟,富家巨室都喜欢登上高楼赏月,或者广设宴饮载歌载舞,这是富人的生活景象。普通人家自然没有这么豪奢,但也是和美祥气,所有的家人都在这一天团聚,如古书中所言:"至于铺席之家,亦登小小月台,安排家宴,子女团圆,以酬佳节。"而贫苦的下层民众也不会虚度这一天,"虽陋巷贫窭之人,解衣市酒,勉强迎欢,不肯虚度"。可谓普天同祝,热闹非凡,"此夜天街买卖,直至五鼓,玩月游人,婆娑于市,至晓不绝"。如此中秋,万人空巷,况景之盛,非同凡响。

古时何来中秋说

中秋节以其本身巨大的影响力和蕴含的深厚文化凝聚力,与春节、端午节、清明节并称为中国四大传统节日,是我国汉族和大部分少数民族共同的节日,也流行于朝鲜、韩国、日本、马来西亚、菲律宾等邻国。

追溯中秋节名称的起源,并不复杂。"中秋"一词最早见于《周礼》,但是它并不是指"中秋节",而是指秋天的第二个月,八月十五正好在秋季的中间,所以便称为"中秋",也称为"仲秋"。

中秋成节较晚,直至唐朝,欧阳詹《玩月》诗序曰:"月之为玩,冬则繁霜大寒,夏则蒸云太热。云蔽月,寒侵人,蔽与侵俱害乎其玩。秋之于时,后夏先冬,八月于秋,季始孟终,十五于夜,又月之中,稽诸天道,则寒暑均,取之月数,则蟾兔圆。"这篇诗序把中秋月讲得漂亮且透辟,为仲秋立节从理论上做出了说明。对于传统节日的形成,统治者的作用是很大的,唐玄宗李隆基为仲秋立节可以说在实践上做了贡献。五代王仁裕《开元天宝遗事》记载唐明皇和杨贵妃于八月十五夜临太液池,"筑百尺高台"赏月,望之如神仙。群臣效仿,延及民间,渐而成节,节而成俗。

北宋太宗年间则正式定名为"中秋节"。到了明清,中秋赏月风俗尤甚,规模也更大,成为仅次于春节的第二大传统节日,传承于今。

中秋别称亦纷呈

中秋节有许多别称,因为节期在八月十五,恰逢三秋之半,所以习惯上称为"秋节""八月节"或"八月半""仲秋节"等。

古代帝王有春天祭日、秋天祭月的礼制,所谓"秋暮夕月"中的"夕"就是拜祭的意思,"夕月"就是"拜月"。《梦粱录》中载有"此夜月色倍明于常时,又谓之'月夕'"。上述均反映了古代人们对月亮的崇拜之俗。中秋节的活动基本都是围绕月亮进行的,所以中秋节俗称"月节""月夕"或"拜月节"。

我国汉族许多地区流传着"女不祭灶,男不拜月"的习俗,所以拜祭月亮要由家中主妇承担,男子则躲得远远的,故此得名为"女儿节"。

据说中秋这一夜的月亮最大、最圆、最亮,八月十五月圆时成为抒发感情的极佳时刻。人们把圆月意作团圆和圆满的象征,故中秋节也是阖家团圆的日子,又称为"团圆节"。关于"团圆节"的记载最早见于明代《帝京景物略》:"其有妇归宁者,是日必返夫家,曰团圆节也。"

唐宋时,赏月之风盛行,每到这一天,上至朝廷下至百姓,普天同庆。南宋时民间有以月饼相赠的记载,有些地方还有舞草龙、砌宝塔的活动,唐朝时把中秋称为"端正月"。唐诗宋词中关于中秋赏月玩月的内容更是数不胜数,所以中秋节又有"玩月节"之称。

或中秋或明月,同样的节日,不同的名称,一样的月光,不一样的情怀,离不开的主角,是那当空的皓月。皑如山上雪,皎若云间月,中秋佳节因一轮明月而洒遍清辉,孤轮明月也为人们遣怀寄思而多情美好,文人墨客,笔端含情,愁心与思念,感怀与伤悲,能一诉衷肠的,唯独知心明月。

源远流长话中秋

"中秋"一词最早出现在《周礼》一书中,但这里的"中秋"不是指中秋节,只是简单地指秋天的第二个月。

到东晋时,有"谢尚镇牛渚,中秋夕与左右微服泛江"的记载。说的是东晋时,在隶属于南京的牛渚(今采石矶),高士谢尚、袁宏于中秋之夜泛舟江上,吟诗赏月,故有了"牛渚玩月"的佳话,演化为中秋佳节的一个典故。可见此时中秋节已渐成雏形。

直到唐朝初年,中秋节才成为固定的节日。《唐书·太宗记》记载有"八月十五中秋节"。在唐代诗人浩如烟海的诗篇中,赏月咏月的佳作更是流传千古,可见当时中秋赏月玩月之风已然盛行。

首次并正式对中秋节做了明确记载的是《梦粱录》,其中载有:"八月十五中秋节,此日三秋恰半,故谓之'中秋',此夜月色倍明于常时,又谓之'月夕'。"书中还对当时的都城临安中秋节日的盛况做了描述。

到了明清,宫廷和民间的拜月赏月活动更具规模,中秋节已经成为与元旦齐名的重要节日。我国各地至今遗存着许多"拜月坛""拜月亭""望月楼"的古迹。北京的月坛就是明朝嘉靖年间为皇家祭月修造的。

史料中有关中秋节的记载源远流长。人们提及中秋,不约而同想起的是后羿射日、嫦娥奔月、吴刚伐桂、白兔捣药,以及唐明皇游月宫等一系列神话传说。一代代人口耳相传,加入许多幻想和想象,编造动人故事,寄托人们对美好事物的缅怀与向往。将月亮的圆缺与人们的悲欢离合联系在一起,幻想出月宫里住着神仙,认为通过祭拜他们可以保佑自己幸福平安,所以在民间就形成了"祭月""拜月"的习俗。

关于民间"祭月"的传统,过去流传着"八月十五天门开"的俗语。说的是有个从小给地主放牛的长工,累死累活干了二十年还是身无分文,孤身一人。有一次不幸身患重病,无法干活,就在八月中秋之夜被财主踢出了门外。他无家可归,只得跑到山坡上的一棵桂花树下躺着,眼望明月,暗自悲伤。忽然,从月宫中降下一位美貌的仙女,落在他的身旁。当仙女问明他的不幸遭遇之后,长袖一舞,草屋、天地、锅碗、犁锄奇迹般地出现在他的眼前,之后,长工就靠着月宫娘娘所赐之物,过着自耕自种的幸福生活。从此,人们每逢八月十五夜都要在室外摆供品祭月,祈望"天门重开",能得到月宫娘娘的恩赐。

这是关于拜月早期的传说,到了后来更广为人熟知的是,祭拜月中的女神——嫦娥。关于嫦娥奔月、后羿射日等一系列故事,喜为人津津乐道,流传甚广。

相传,远古时候天上有十个太阳同时出现,晒得庄稼枯死,民不聊生,一个名叫后羿的英雄,力大无穷,他同情受苦的百姓,登上昆仑山顶,运足神力,拉开神弓,一口气射下九个太阳,并严令最后一个太阳按时起落,为民造福。

立下汗马功劳的后羿因此受到百姓的尊敬和爱戴,不少志士慕名前来投师学艺,心术不正的逄蒙也混了进来。后羿娶了个美丽善良的妻子,名叫嫦娥。后羿除传艺狩猎外,终日和妻子在一起，人们都羡慕这对郎才女貌的恩爱夫妻。

嫦娥奔月

一天，后羿到昆仑山访友求道，巧遇由此经过的王母娘娘，便向王母求得一包不死药。据说，服下此药，能即刻升天成仙。然而，此药只够一人服用，后羿舍不得撇下妻子，只好暂时把不死药交给嫦娥珍藏。嫦娥将药藏进梳妆台的百宝匣里，不料被小人逢蒙看见了，他想偷吃不死药自己成仙。三天后，后羿率众徒外出狩猎，心怀鬼胎的逢蒙假装生病，留了下来，轻而易举地骗过了后羿。待后羿率众人走后不久，逢蒙手持宝剑闯入内宅后院，威逼嫦娥交出不死药。嫦娥知道自己不是逢蒙的对手,危急之时她当机立断,转身打开百宝匣,拿出不死药一口吞了下去。

嫦娥吞下药后,身子立时飘离地面,向天上飞去。由于嫦娥牵挂着丈夫,便飞落到离人间最近的月亮上成了仙。傍晚,后羿回到家,侍女们哭诉说了白天发生的事。后羿既惊又怒,抽剑去杀恶徒,可逢蒙早逃走了,后羿气得捶胸顿足,仰望着夜空呼唤爱妻的名字,这时他惊奇地发现,那天的月亮格外皎洁明亮,而且有个晃动的身影酷似嫦娥。他拼命朝月亮追去,可是他追三步,月亮退三步,他退三步,月亮进三步,无论怎样也追不到月亮跟前。后羿无可奈何,只好派人到嫦娥喜爱的后花园里,摆上香案,放上她平时最爱吃的蜜食鲜果,遥祭在月宫里眷恋着自己的嫦娥。百姓们闻知嫦娥奔月成仙的消息后,纷纷在月下摆设香案,向善良的嫦娥祈求吉祥平安。

中秋节的习俗文化

八月十五中秋节,热闹团圆赛春节。中秋佳节寓意着阖家团圆、幸福美满,在地缘辽阔的中华大地,纷呈多样的风俗凝聚着一代代华夏儿女的朴实情感。大致的习俗有祭月、拜月、吃月饼、玩花灯、舞火龙等,当然一些地方因为其特殊的地域和文化,又有一些特殊的习俗。

焚香素服以祭月

早期人类对月亮的崇拜只停留在月亮本身,并没有把月亮偶像化。崇拜的方式也很简单,直接对月亮跪拜,不讲究固定的时间和地点。自然崇拜渐渐发展,人类开始把自然界人格化,把崇拜对象有意识地人格化,万物有灵的观念就产生了。发展到后来,人们开始把嫦娥、玉兔看成月宫里的神灵,当成了供奉膜拜的偶像。

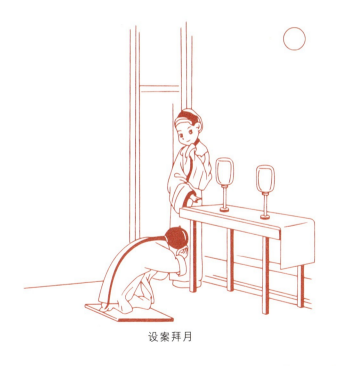

设案拜月

《周礼》中记载,早在周代已有"中秋夜迎寒""秋分夕月

（拜月）"的活动。最初祭月的日子在秋分这一天，秋分在八月，每年都不同，如果无月可祭那是大煞风景的。科学观察来看，秋季华夏大地上空的暖湿空气逐渐消退，西北风还很微弱，湿气已去，沙尘未起，空气格外清新，月亮看上去又大又圆，是祭月赏月的最佳时节。汉代以前，祭祀月亮基本被皇家所垄断，普通民众不能参加，一直到唐朝也极少见到普通民众拜月的记录。为区别于统治者的月神祭祀，民间祭月也常称为"拜月"。方式大同小异，设大香案，摆上月饼、西瓜、苹果、李子、葡萄等时令水果，其中月饼和西瓜是不能少的，西瓜还要切成莲花状。在月下，红烛高燃，全家人一起拜祭月亮，然后由当家主妇切开团圆月饼，切的人预先算好全家有多少人，在家的、在外地的，都要算在一起。

北宋太宗年间，正式将每年农历的八月十五定为"中秋节"。唐宋时期的中秋是一般的社交娱乐性节日，中秋的主要活动就是赏月、玩月。明清时期中秋节日的性质发生变化，其世俗的情趣愈加浓厚，以"赏月"为中心的抒情性与神话性的文人传统减弱，功利性的祭拜、祈求与世俗的情感愿望构成普通民众中秋节俗的主要形态。

清人潘荣陛《帝京岁时纪胜》中有载八月十五日祭月之况："十五日祭月，香灯品供之外，则团圆月饼也，雕西瓜为莲瓣。"祭拜的时令性果品有紫葡萄、绿毛豆、黄梨、丹柿、白藕、青莲等。一般民间的拜月方式是：傍晚，皓月中天时，在院落东面摆上供桌，上面放置月神图像、月饼、蔬菜、水果等物，西瓜切成莲花状。供台朝向明月，团圆的大月饼正中立起与圆月相对。月饼，一般是自制的，将麻油熬热，糖化开，然后与白面和在一起，烤制而成。清代有特制的祭月月饼，较日常月饼

"圆而且大"。特制月饼一般在祭月之后就由家人分享,这种月饼俗称为"团圆饼"。祭月完毕后,一家人分食祭品,团座赏月。明清江南以素斋供月,有南瓜、菱藕、月饼等,旁边放凉水一碗,妇孺拜月完毕,以手指蘸水涂目,祝曰眼目清凉。此俗源于六朝时人们在八月中以露水洗眼的风俗。那时候人们在中秋节互赠的不是月饼,而是盛满百草露的眼明囊。

至于民间各地的拜月形式,老北京人家的供月仪式可以说久远而庄重。邓云乡先生在《增补燕京乡土记》里回忆道:"有一年的八月节,在北京一条胡同中一个小小的院子里,母亲把一张高桌摆在北屋台阶下面,斜着向东南方向,桌前系上桌围,桌下铺着红毯,供上'月光马儿'(即印有'太阴星君''月光遍照菩萨'的神纸)、'兔儿爷'、鸡冠花、两盘月饼、一盘水果(鸭梨、葡萄、沙果),半个西瓜切成花牙形,也放在盘中,摆上'五供'。"可见,一切的布置甚是讲究和精致,除了案台上应有尽有的供品之外,"蜡钎上点上两支四两重的红蜡,烛影摇红,花团锦簇",可以想象整个画面的意境,月光如水,清辉洒落,碧天无云,寒光冉冉升起,整个院落沐浴在"纱幔"中。

书中所描述的"月光马儿",其实是人们供奉绘有月光菩萨像的月光纸,是一种神祃。在清代北京,月光神祃是由道观寺院赠送,题名为"月府素曜太阴星君",市面上也卖"月光马儿",长的七八尺,短的二三尺,顶上有两面旗子,为红绿色或黄色,对月而供,焚香行礼。

兔儿爷是北京中秋最具特色的节物,它那京剧武将的造型、神态打扮以及在老北京人心目中独特的位置,决定了它在中秋节俗中不可替代的地位。兔儿爷早在明代就有了,民间把玉兔当作尊崇的神物。纪坤《花王阁剩稿》就记道:"京师中秋节,多以泥抟兔形,文冠踞坐如人状,儿女祀而拜之。"可知兔儿爷是以泥土塑造成兔首人身,坐姿如人形。中秋前半月,街头已尽是兔儿摊,《帝京岁时纪胜》中记载的景观更是绚烂,兔儿"饰以五彩妆颜,千奇百状,集聚天街月下,市而易之",足见,用泥捏成兔儿爷的神像,兔子的头面,浑身上下都用彩色颜料绘制各种图案,每逢中秋佳节之日,在家中摆个兔爷像,确实很有气氛。

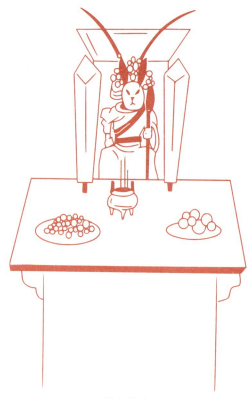

供兔儿爷

山西中秋祭月的习俗由来已久，祭月的主要物品首推月饼。祭月月饼很有讲究，四个一斤，包含着"四平八稳，对称和谐"的意愿。晋西北祭月则用套饼，由大到小，垒起来像座宝塔，顶尖为一球形月饼，是当地农家的独创。一般农家打月饼时，还专门为孩子们打制一些兔形小月饼，代表着希望他们将来能够"蟾宫折桂，步入仕途"。西瓜、毛豆也是必不可少的供品。西瓜取音于喜，取形于圆，取瓤于红，取子于多，意喻一家人团团圆圆，欢欢喜喜，红红火火，多子多福。毛豆指嫩黄豆角，传说兔子喜食，是专为月中玉兔准备的。另外还有苹果、葡萄、橘子、柿子等水果。祭月时有专门的供器，供器中有香炉、烛台等，香炉中点燃一种盘曲的线香，称为芸香。玉兔东升，月光照临桌上供品，便表示月光菩萨已领受了这份情意，于是烧香焚纸，皆大欢喜。

浙江绍兴每到中秋节，大人把月饼拿来供灶神，然后再拿来供月亮，加上几盘水果，最后家里人每人吃一块月饼来庆团圆，讲究的人家还可能放鞭炮来热闹一下。

江西景德镇，中秋节的晚上，人们会在月饼和苹果上插上一炷香，摆在月光下的桌上。等到香烧完了，就意味着月亮神吃完了，这时小孩子们就可以吃月饼了。

广东潮汕各地有中秋拜月的习俗，主要是妇女和儿童，有"男不拜月，女不祭灶"的俗谚。到了晚上，妇女们便在院子里、阳台上设案当空祈祷。

山东一些农家在八月十五祭土谷神。土谷神，又称为"青苗社"。诸城、临沂和即墨等地除了祭月之外，还要上坟祭祖。

玩月

上海中秋节风俗有祭月和烧香斗等。祭月时，月亮升起，于露天设案，供以月饼、瓜果、毛豆、芋艿和藕菱等食物，还供有执著捣药杵站立的玉兔月宫符画。所谓香斗，也有称为斗香的，是由纸扎制作的，形状四方，上大下小，大的四周各宽约有二尺多，香斗四周糊着纱绢，绘有月宫楼台亭阁等图画，也有的香斗用线香编绕而成，斗中插有纸扎的龙门魁星以及彩色旗旌等装饰。秦荣光《上海县竹枝词》中载有"中秋赏月竞开筵，月饼堆盘月样圆，礼斗香还烧大斗，南园向最生香烟"，说的是秋赏月礼斗烧斗香的场面，向以南园为最盛。

祭月烧斗香

在台湾地区,百姓过中秋时,要祭拜土地公,此风俗是要感谢土地公保佑其有丰富的秋收。除了祭祀土地公,农民还得在田间插设"土地公拐杖",是以竹子夹上土地公金,插在田间。在台湾南部地区,森林茂密,农民们在中秋之日还有祭拜树王公的习惯。

在福建汀州一带,中秋夜有"请月姑"的习俗。儿女在月下设果饼膜拜致词,请月姑以卜灾祥。浙江诸暨的大户人家在中秋节制作大月饼,杂以瓜果,"叠案供月,谓之'宴嫦娥'"。苏州家家户户摆上瓶花香蜡,不设月宫符像,望空礼拜,小儿女团坐,"膜拜月下,嬉戏灯前,谓之斋月宫"。扬州小秦淮河,中秋节"供养太阴",彩绘广寒清虚之府,称为"月宫纸",以纸绢作神像冠带，月饼上排列素服女子，称为"月宫人"，然后以莲藕果品祭祀。不论是"请月姑""宴嫦娥"，还是"斋月宫""供养太阴"，都是人们对月亮献祭，诚心祝祷，祈福请愿。

文人赏月爱风雅

如果说祭月与拜月，都带有虔诚祭拜、郑重其事的意味，那么赏月与玩月，则多了点人文情怀。文人对美好的月亮情有独钟，吟咏月色的诗歌很早就有记载。

文人赏月之举大约始于魏晋，南北朝时期便出现了文人玩月风尚的苗头。南北朝时期的谢灵运、谢朓等名士喜欢玩月，唐代欧阳詹《玩月》时序中说："月可玩。玩月，古也。谢赋、鲍诗、朓之庭前、亮之楼中，皆玩月也。"说的正是月亮可以玩。这显然与月亮崇拜是截然不同的态度。

到了唐朝，在盛唐气象的笼罩下，赏月活动因而盛行开来。张祜《中秋月》中有"一年逢好夜，万里见明时"；司空图《中秋》则说"此夜若无月，一年虚度秋"。清辉洒遍大地，天空干净澄澈，暑气消退，万物清新，可见中秋之夜在唐人的心目中的重要性。传说唐明皇梦游月宫后，中秋赏月之风到宋代愈盛，文人学士时兴素服，中秋赏月时必观看仙鹤翩翩起舞。到了宋代，中秋的另一习俗就是在钱塘江观潮，《梦粱录》中有记："每岁八月内，潮怒盛于常时，都人自十一日起便有观者，至十六日、十八日倾城而出，车马纷纷，十八日最为繁盛。"只见月光下海潮初如银线，既而渐近，则玉城雪岭，有如千军万骑簇拥而来，浩浩荡荡，又有善泅的舟人、渔民数百人皆被发文身手持十幅大彩旗，出没于鲸波万仞之中迎潮而上，他们腾跃着身子,变化种种姿态,谓之弄潮。善泅之徒,竟作弄潮之戏,把弄潮儿的本领和雄姿展示出来。

钱塘弄潮

元代中秋节继承了唐宋之风,八月十五赏月的兴致依然很盛。元代《元氏掖庭记》记载了元代皇室中秋赏月的盛大场景。

明代风俗大变,拜月祭月成为主要风俗,明初南京有望月楼、玩月桥,清代狮子山下筑朝月楼,皆供人赏月,而以游玩月桥者为最。人们在明月高悬时,结伴同登望月楼、游玩月桥,以共睹玉兔为乐。"玩月桥"在夫子庙秦淮河南,这夜,士子聚集桥头笙箫弹唱,追忆牛渚玩月,对月赋诗,故称此桥为玩月桥。近年来,南京夫子庙已重新修葺,恢复明清年间的一些亭阁,疏浚河道,待到中秋佳节时,就可结伴同来领略此地的玩月佳趣了。如今的人们都喜欢在八月十五之日赏月,陶醉其中,乐于此道。

彩楼玩月

中秋食俗吃月饼

月饼,或叫中秋饼,也称为"团圆饼"或"月团",是东亚各地的中秋节最具代表性的食品,越南称为饼中秋。中秋节吃月饼,和端午节吃粽子、元宵节吃汤圆一样,是中华文化的传统风俗。月饼既是中秋祭月的供品,又是每家必吃的应节食品,还是节日馈赠中不可或缺的礼品。圆圆的月饼象征着天上的满月,寓意吉祥团圆。

月饼

据说中秋节吃月饼的习俗于唐朝开始,是唐朝军队祝捷食品。唐高祖年间,大将军李靖征讨匈奴得胜,八月十五凯旋。当时有经商的吐鲁番人向唐朝皇帝献饼祝捷。高祖李渊接过华丽的饼盒,拿出圆饼,笑指空中明月说"应将胡饼邀蟾蜍",说完把饼分给群臣一起吃。

北宋之时,这种饼被称为"宫饼",在宫廷内流行,但后来也流传到民间,当时俗称"小饼"或"月团"。《梦粱录》中已有"月饼"一词,但它也只是像菱花饼一样的饼形食品,后来人们逐渐把中秋赏月与品尝月饼结合在一起,如苏东坡有诗"小饼如嚼月,中有酥和饴"。看来当时的月饼与现在已颇为相近了。

将月饼取自团圆是明代《西湖游览志会》才有的记载:"八月十五日谓之中秋,民间以月饼相遗,取团圆之义。"

此后,"月饼"制作愈发精细,品种更多,大者如圆盘,成为馈赠的佳品。以后中秋节吃月饼的习俗便在民间流传开来。到了清代,关于月饼的记载就多了起来,而且制作越来越精细。

花灯百对走儿童

中秋节有许多游戏活动,首先是"玩花灯"。早在北宋《武林旧事》中记载的中秋夜节俗,就有将"一点红"灯放在江中漂流玩耍的活动。中秋玩花灯,多集中在南方,各式各样的彩灯像孔明灯、蛋壳灯、刨花灯、稻草灯、鱼鳞灯、谷壳灯、瓜子灯及鸟兽花树灯等,令人赞叹。此外还有放天灯,即孔明灯,用纸扎成大型的灯,灯下燃烛,热气上腾,使灯上升至空中,人们在地上追着空中的灯嬉戏奔跑。另外还有儿童手提着各式各样的花灯,在月下嬉戏玩耍。

传统的手工花灯,框架都由竹子制成,外面再糊上一层面纸。现在大都改用铁丝制作支架,外面的画纸也用喷漆布替代。现代人多用不怕水的喷漆布制作花灯,因为可以用很久,而纸质的花灯经不住日晒雨淋,市面上那些又有灯泡又有音乐的花灯,如今更受小孩子的欢迎。

闹市盛大舞火龙

"龙灯"也即"龙灯舞",是一种民间舞蹈,最初用作娱神、祀神。舞火龙是香港中秋节最富传统特色的习俗。从每年农历八月十四晚起,铜锣湾大坑地区就一连三晚举行盛大的舞火龙活动。

舞龙一般用木、竹、布、纸扎成,节数不等,多为单数。除了颜色的区别外,还有用荷花、蝴蝶组成的"百叶龙",用木板凳制作的"板凳龙",用布糊制的"布龙",龙身内燃竹的称"龙灯"(夜龙),插香火的称"火龙"或"香龙"。

姊妹结伴走月亮

中秋正处于秋收之时,民间对神灵拜祭的一个重要目的是在婚嫁子嗣上,妇女月下出游活动都与此有关。皎洁的月光下,人们衣着华美,三五结伴,或游街市,或泛舟秦淮河,或登楼观赏月光,谈笑风生。旧时南京人"走月"还有一种特殊的祈盼之举:凡是没有生儿子的已婚妇女,要去游夫子庙,随后再跨过一座桥,相传即有"梦熊之喜"(意生男孩)。中秋夜出游赏月,上海人叫作"走月亮",妇女们结伴夜游,也称为"踏月"。"走月"是民间妇女的解禁日,在"结伴闲游"的背后也隐含着祈求生育的意义。

吴地有"走月亮,走三桥"之俗,就是在月光下出游,走过至少三座桥。周庄、锦溪、千灯,历史上这些地方都有走三桥的习俗。光绪《周庄镇志》风俗篇称:"中秋以月饼相馈遗,澄虚道院斗老会至晚,设宴赏月,焚香斗于庭。游人结对历走三桥,云可免百病。"可见,在当时,人们认为中秋走三桥可避祸除害。

走月亮,走三桥

　　中秋传统的风俗多不胜举,而对于现代社会来说,人们越来越热衷于节假日旅游度假,走亲访友,或游山玩水,或购物休闲。商家紧跟形势,推出各种便利优惠促销,吸引人们的眼球,为中秋佳节赋予更多的商业气息。

中秋节诗词赏析

花间一壶酒,独酌无相亲。
举杯邀明月,对影成三人。

月既不解饮,影徒随我身。
暂伴月将影,行乐须及春。
我歌月徘徊,我舞影凌乱。
醒时同交欢,醉后各分散。
永结无情游,相期邈云汉。

——李白(《月下独酌》)

诗人李白月夜花下独酌,无人亲近,顿觉冷落孤凉。前四句写花、酒、月、影,立意孤独,"举杯邀明月,对影成三人"更是千古名句,月不解饮,影徒随身,仍归孤独。五到八句,在月影上发议论,执意与月光、身影结无情之游,并且相约在缥缈的天上仙境中重见。结合诗人的身世背景,表达了诗人怀才不遇的寂寞与孤傲,也表现出诗人浪漫主义情怀下的狂放不羁。

戍鼓断人行,边秋一雁声。
露从今夜白,月是故乡明。
有弟皆分散,无家问死生。
寄书长不达,况乃未休兵。

——杜甫(《月夜忆舍弟》)

这首五言律诗创作背景为诗人饱受安史之乱颠沛流离之苦,感怀家愁与国难而作,"月夜忆舍弟"开山点题,表达对自己弟弟的思念之情,山河破碎,战事阻隔,音信不通,兄弟流离失所,不知生死下落。纵观全诗,破题匠心独运,首先描绘一幅边塞秋天的图景,满目所见,满耳所闻,皆是凄凉。"露从今夜白,月是故乡明"为千古名句,写景亦抒情,将"今夜露白"与"故乡月明"词序一换,语气便矫捷有力。五、六句直接道破望月思念之情,最后两句写到亲人四处流散,家书常常不达,让人联想到"烽火连三月,家书抵万金"的凄楚与哀感。

    海上生明月,天涯共此时。
    情人怨遥夜,竟夕起相思。
    灭烛怜光满,披衣觉露滋。
    不堪盈手赠,还寝梦佳期。
    ——张九龄(《望月怀远》)

  这首张九龄的作品,是望月怀思的名篇,创作背景为诗人遭贬于荆州之时。第一句"海上生明月"意境雄浑阔达,是千古流传的佳句。首句望月,次句怀远,直抒对远方亲人的思念之情。诗人离乡,望月怀远,直抒对亲人的思念之情,以致彻夜难眠,"情人"与"相思"相呼应,"遥夜"与"竟夕"相应,这两句采用流水对,自然流畅,具有古诗气韵。"灭烛怜光满"将月刻画尤为传神,一个"怜"字,可思不可言,无言之美,一气呵成,自然流畅。

    中庭地白树栖鸦,冷露无声湿桂花。
    今夜月明人尽望,不知秋思落谁家。
    ——王建(《十五夜望月寄杜郎中》)

  这首七绝是描绘中秋之夜望月思远之佳作,可以说是诗中有画,画中有诗,极具意境美。首句便道明赏月的环境,暗写人物情态,精炼而含蓄,借助特有的景物一下子就将萧瑟苍凉之景呈现在读者面前,给人难忘的印象,与马致远"枯藤老树昏鸦"有异曲同工之妙。"冷月无声湿桂花",让人无限遐想,冰凉的露水沁得花枝竟然没听到一点声音,侧面烘托出夜色深而静,处无言之美中,身临其境,仿佛香气与寒气袭人而来。最后两句甚为含蓄,将秋思的似虚而实缥缈跌宕而出。

  明月几时有?把酒问青天。不知天上宫阙,今夕是何年。我欲乘风归去,又恐琼楼玉宇,高处不胜寒。起舞弄清影,何似在人间。
  转朱阁,低绮户,照无眠。不应有恨,何事长向别时圆?人有悲欢离合,月有阴晴圆缺,此事古难全。但愿人长久,千里共婵娟。
  ——苏轼(《水调歌头·明月几时有》)

苏东坡中秋赏月饮酒

诗人这篇中秋怀远之作,表达了对胞弟苏辙七年未见的无限思念,运用形象描绘手法,勾勒出一种皓月当空、亲人千里、孤高旷远的境界氛围。这位性格豪放、气质浪漫的文学家,在上阕开题即发问"明月几时有,把酒问青天",实为"忙兴之作"。"我欲乘风归去"反衬诗人的遗世独立,与其名篇《前赤壁赋》中月下泛舟时"飘飘乎如遗世独立"互相印证,同为望月而登仙。下阕中"人有悲欢离合,月有阴晴圆缺",为古今难得的佳句,在感慨月亮阴晴圆缺中参透了深厚的人生哲理。人有悲欢离合,意境阑珊中饶有律动,表达诗人开阔的心胸与超远的志向。

> 幽兴苦相引,水边行复行。
> 不知今夜月,曾动几人情。
> 光逼流萤断,寒侵宿鸟惊。
> 欲归犹未忍,清露滴三更。
> ——翁卷(《中秋步月》)

中秋寄望,各有各的情怀。诗人望月,感念月光动情,月色如水,所飞流萤光芒竟被逼断,寒露凉意惊得鸟儿入眠。诗人翁卷为布衣之士,这首小诗写的典雅小巧,中秋月下,诗人独步,月亮走,我也走,不禁为月动情,所叹所感,直入月色,就月说月,就景入情,不矫揉,不造作,直抒胸臆。

七 重阳：
九九佳节又重阳

　　重阳，是我国的传统节日。它如一场幻梦勾起离人的思念，在这个梦里，有酒的甘醇、菊的芳香、茱的辛烈、糕的甜美、天的纯净，它们如血液一般融于重阳的血脉；而登高宴饮、把酒赏菊、佩戴茱萸、食糕插旗、放鸢于天等则是津动，它们五彩缤纷的演绎将重阳从奇幻转变为娱乐、娱情。登高宴饮从去灾消难到纵情高歌；把酒赏菊从饱含诗意到寓意吉祥；佩戴茱萸从辟邪除瘟到装饰美化；食糕插旗从饱食祈愿到庆贺寓吉；放鸢于天从放逐悲苦到喜乐娱情，它们的蜕变使得重阳更富生气和新意。"愿陪九九辰，长奉千千历。"便是对重阳之景的赞誉，更是重阳之俗的延续。

重阳节的前世今生

农历九月,一派丰收景象,且农事已毕,恰是好时节,而此后天气转凉,霜雪将至。在即将到来的冬日前,还有一个盛大的节日相候,这便是农历九月初九——重阳节。

作为我国传统的重阳佳节,为何被称为重阳?而一年之中有36个九日,为何要选择在农历九月九日?是什么原因让古人偏爱于此呢?

提起重阳,便要清楚其含义,"阳"即阴阳的阳。阴阳按字面的意思来说,阴就是暗,阳就是明。所以月称为太阴,日称为太阳。太阳代表阳光和温暖,引申开来,"阳"就代表正面、表面、阳刚等。阴阳二字连用,是古人对自然的朴素认识。随着认识的不断加深,也就随之产生了最早的哲学思想,即阴阳学。其反映在《易经》一书中,便体现为一分为二,对立统一。由此将世间万物分为阴阳,数字也自然是一分为二,所以奇数为阳,偶数为阴。而"九"是阳数中的最大数,农历九月初九中月和日均是"九",两九相重,故称"重九",两个阳数相重,故称"重阳"。

明白了重阳的含义,便要追溯其产生的根源。与我国的其他节日类似,重阳节的起源也多是对自然崇拜和神鬼迷信,形成之初充满了奇幻色彩。随着节日不断的发展,奇幻色彩逐渐淡化,取而代之的是娱乐、传承。

重阳节是个历史悠久的传统节日，由于年代久远，节日的起源已经难以明确。因此，关于重阳节的起源有几种不同的说法：

一种认为重阳缘自古代祭祀大火的仪式。"大火"为古代季节的星宿标志，其在季秋九月逐渐隐退，《夏小正》称之为"九月内火"。大火星的隐退使得将火奉若神明的古人产生恐惧，而火神的休眠也意味着寒冬将至。因此，人们便在季秋九月相应地举行祭祀仪式，用以寻求安抚内心恐惧的方法。这在后世的重阳风俗中亦可见些许遗痕，如江南地区便有重阳祭灶的仪式。

一种认为重阳的起源可以追溯到先秦。"重阳"一词最早见于战国末期屈原《楚辞·远游》中的"集重阳入帝宫兮，造旬始而观清都"，意思是说到了天上就进入了天帝的宫殿，到了旬始星（金星）就参观游览了帝都。但这里的"重阳"指的不是节日，而是指天或苍穹。宋代洪兴祖的《楚辞补注》对此注释为："积阳为天，天有九重，故曰重阳。"此即对重阳较为直白的表述。另一根据是《吕氏春秋·季秋纪》中记载："无有宣出，命冢宰，农事备收，举五种之要。藏帝籍之收于神仓，只敬必饬。""是月也，大飨帝，尝牺牲，告备于天子。"从中虽然没有看到重阳两字，但是反映出了在秋天九月农作物丰收之时，人们会去祭祀上天、宗祖，用以表达敬重之意。在季秋九月的祭祀活动或许是后世重阳节的一种前导，具体到某一天可能是其固化。

而后《西京杂记》中记载："九月九日，佩茱萸，食蓬饵，饮菊花酒，令人长寿。"此为汉高祖刘邦宠妃戚夫人的侍儿贾佩兰所言，其在戚夫人被吕后残害后，也被驱逐出宫，嫁与贫民为妻。据传九月九日在当时已为一个节日,也产生了一些节日活动,而贾佩兰嫁与民间贫民,也间接地把这一宫中习俗带到民间,以至此后广泛流传。然而《西京杂记》被认为是晋葛洪假托刘歆所作,可信度较低。晋代干宝《搜神记》中也有类似记载:"戚夫人侍儿贾佩兰,后出为扶风人段儒妻,说在宫内时,尝以弦管歌舞相欢娱,竞为妖服以趋良时。……九月,佩茱萸,食蓬饵,饮菊花酒,令人长命。"两则记叙都指出了贾佩兰所说的九月九日在宫中的所见以及被逐出宫的事。此两份记载多有叙事成分,且为晋人所作,并不足以证明在西汉初年就已经有了重阳节这一节日,但此节可反映出至少在晋代就已有重阳节及其相关节俗了。

其后东汉崔寔的《四民月令》中有"九月九日可采菊花",被认为是关于重阳节的最早记录。此书专门记载了一年十二个月里的民俗活动,此处虽只是简单的一句话,但是已经较为明确地指出九月九日有采菊花的习俗,说明此时重阳节已经确定。此书虽然没有完整地流传下来,但被后世很多典籍转引。唐代虞世南的《北堂书钞》也转引了关于"朝廷饮宴""旧俗登高""茱萸插头"等记述,这表明在东汉末年,朝廷在九月九日便有了这些做法。

最为明确记述九月九日是重阳节的,始于魏文帝曹丕的《九日与钟繇书》:"岁往月来,忽复九月九日。九为阳数,而日月并应,俗嘉其名,以为宜于长久,故以享宴高会。"在这封信中不仅明确地提出九月九日,而且还可知定名"重阳"的原因是日月并阳,两阳相重。结合三月三日上巳节、五月五日端午节、七月七日七夕节,不难看出阳数重叠的日子会格外引人注意和重视,九月九日想来也有此意。《礼记·月令》中"其音商,律中无射,其数九"的记载则表明了季秋之月与九的联系,且九九与"久久"谐音,有长久之意,是天长地久的象征,九月九,两个至尊之数相遇,便更显得是个吉祥的日子,"九"讨得如此好寓意,便要"享宴高会"了。而《九日与钟繇书》又言:"故屈平悲冉冉之将老,思食秋菊之落英,辅体延年,莫斯之贵,谨奉一束,以助彭祖之术。"则可看出东汉末年重阳节的习俗已经有了一定的模式,食菊并借以延年。巧合的是,这正对应了先前屈原在《离骚》中"朝饮木兰之坠露兮,夕餐秋菊之落英"的记载,只是不知其是否是后世重阳节食菊的先例。

宋代史正志的《史氏菊谱》和清代王灏的《广群芳谱》中均载有"汉俗九日,饮菊酒,以被除不祥。盖九月律中无射而数九,俗尚九日,而用时之草也"。这里明确了九月九日饮菊花酒为汉代习俗,且指出菊花为应时的花草,用以被除不祥。而之前西晋周处的《风土记》中载有:"九月九日,律中无射而数九,俗尚此月,折茱萸房以插头,言辟除恶气而御初寒。"其中提到了数九,且有用茱萸插头除恶气抵御初寒的做法。

由此种种,可以看出重阳节的产生是一个渐进的过程,在东汉时得以基本成型,从奇幻色彩到固定具体的一个节日,正恰如其分地表明了人们认识的演进。重阳节俗的确定也是对这一节日的肯定、确立和传承。

追溯重阳节,不免还要追问重阳节的发源地,可是文献中没有明确记载,但具体集中在两处,分别是今河南省东南部的上蔡县和西南部的西峡县。

上蔡古称蔡地,是古蔡国所在地,而蔡国为周武王克殷后封其弟叔度的封地,其传近五百年。北魏郦道元《水经注·汝水》中描述汝水"又东南过汝南郡上蔡县西",在此指出当时上蔡所处的地理位置在汝南郡,而"汝南郡楚之别也,汉高祖四年置,王莽改郡曰汝汾县"则表述了上蔡的沿革。这应对了南朝梁吴均《续齐谐记》中记载的有关重阳节的内容:"汝南桓景随费长房游学累年,长房谓曰'九月九日,汝家中当有灾,宜急去,令家人各作绛囊盛茱萸以系臂,登高饮菊花酒,此祸可除。'景如言,齐家登山。夕还,见鸡犬牛羊一时暴死。长房闻之曰:'此可代也。'今世人九日登高饮酒,妇人带茱萸囊,盖始于此。"其发生地正是汝南,且给出了九月九日用以辟邪去灾的具体做法。由《续齐谐记》还衍生出了关于重阳节的传说,如桓景学道斩瘟魔、庄稼人与算卦先生,传说内容多与九月九日的活动有关,特别强调此日的用意,尤其是登高、佩茱萸等做法。

饮菊花酒(晋代)

而西峡县相传在上古时,尧之子丹朱在此建重阳店,其后"重阳"作为地名沿用至今。明成化十二年(1476年),西峡县境内有十一保,其中之一便是重阳保。1912年,西峡境内为西四区,其中包括重阳区。此后,陆续有重阳公社、重阳乡,今称重阳镇。重阳镇现存有重阳店、重阳村、重阳街、重阳河、重阳湖、重阳沟以及登高台、快活林、塔沟、云彩山等。以重阳命名的地名如此集中,可以说全国仅有。当地有关重阳节俗保存也相当完整和丰富。重阳公主的传说在西峡深入人心。重阳镇有娘娘庙、公主坟,当地民间戏曲、民歌中也有关于重阳公主的说唱。重阳寺内保存有供奉重阳公主及其母李娘娘的物证。菊花山、佛爷山、云彩山也都是重阳登高的圣地。登高喊山,喝菊花酒、茱萸酒、菊花茶和枕菊花枕、食重阳糕、佩茱萸囊等民俗十分普遍。重阳镇尚存有重阳节娘家人接出嫁女回娘家共食菊花糕、共庆团圆的习俗。为此,国家邮政局于2003年在西峡重阳镇发行了重阳节邮票一套。中国民间文艺家协会更是在2010年授予西峡重阳镇"中国重阳文化之乡"的美誉。

由重阳节发源地延伸出重阳节的习俗不难看出,至少在魏晋南北朝时期,重阳节就已经很普及,相关民俗活动也已经很丰富。晋代义人陶渊明在其《九日闲居》的诗序中说:"余闲居,爱重九之名。秋菊盈园,而持醪靡由,空服九华,寄怀于言。"此处已有专指九月初九为重九的记载,赏菊饮酒在重阳节更是不可或缺的活动。《晋书·孟嘉传》中也提到晋朝大司马桓温与手下参军大将孟嘉,于重阳节共同登龙山赏景宴饮的情景。南朝梁人宗懔《荆楚岁时记》也有对九月九日的著述,如"九月九日,四人并籍野饮宴""自汉至宋未改,今北人亦重此节,佩茱萸,食蓬饵,饮菊花酒,云令人长寿"等。

唐朝时,经大臣李泌奏请,确立重阳节为正式节日,并作为当时的三令节之一。这在刘昫《旧唐书》中有载:"四序嘉辰,历代增置,汉崇上巳,晋纪重阳……备三令节。"节日活动沿袭两汉魏晋以来的登高、佩茱萸、赏菊、饮菊花酒等传统风俗。到了宋代,重阳节更盛。孟元老《东京梦华录》中记载了当时北宋重阳的盛况,特别是对重阳赏菊以及登高的描述。南宋周密《武林旧事》记载,重阳佳节在南宋宫廷"于八日作重九排当",以便宫中人佳节游乐。吴自牧的《梦粱录》则有在重阳节时,有酒家用菊花扎成门洞,让往来客人从菊花门中出入景致的记载。《东京梦华录》与《梦粱录》中均有关于菊花的丰富记录,菊花品种繁多,可见重阳赏菊之盛况。宋代刘蒙的关于菊花的专著《菊谱》便是其真实写照。

　　至明代,宫中更重此节,进入九月,便要向皇帝进献菊花;九月初一起皇宫上下一起吃花糕庆贺;初四日起宫眷内臣都要换上关于重阳的服饰;重阳节当日皇帝还要亲自登临万岁山等处借以抒怀。刘若愚《酌中志》载:"九日重阳节,驾幸万岁山或兔儿山、旋磨山登高,吃迎霜麻辣兔、饮菊花酒,是月也。"宫中如此,民间重阳出游、登高、宴饮、赏菊亦盛。而进入清代,重阳活动也达到极致。《帝京岁时纪胜》和《燕京岁时记》均有丰富的关于重阳节俗的记载。

　　重阳节几经演变,现如今更被赋予了新的含义。1989年,我国把每年的农历九月九日定为老人节,用以倡导树立尊老、敬老、爱老、助老的社会风尚,而在2012年更是以法定的形式确立了每年农历九月初九为老人节。赋予重阳节新的内涵,不仅是对传统节俗的一种传承,更是一种扬弃。重阳节自确立至今,便在不断地演进、丰富,但维持不变的是人们在重阳节所寄托的美好祝愿。

重阳节习俗

提及重阳节习俗,便不难看出重阳节是杂糅多种民俗于一体而形成的传统节日。重阳节的主题主要包括登高宴饮、把酒赏菊、佩戴茱萸、重阳食糕等活动。

登高饮宴话九天

重阳节,民间有登高野宴的习俗,因此重阳节亦被称为"登高节"。可以说,登高野宴是重九习俗的核心。于农历九月九日秋高气爽之时,置身高处,体会云淡天轻,观赏红叶金菊,必能心旷神怡,借以抒怀。重阳登高,既能陶冶情操,又能强壮体魄,不失为一种极佳的民俗活动。

登高之俗起源很早,但这一习俗可能源于平地居民。平地异于高山,高低有别,才有登高的可能性。在古人最早的信仰中,从室内到室外,由低处至高处,自然而然地便会有一种氛围被营造出来。借登高以避害,更大程度上是一种心理上的舒缓,因为高处特有的境遇感是低处不能相比的。当然也有可能是源自人们对山神的崇拜,登高更能接近于天,以此祈求福佑。《诗经》里也有春天在水边集会、秋天在高地游览为主题的诗歌,秋日登高更加突出。另外一个有关登高之俗的说法源自秋日的采集活动——小秋收。"小秋收"是指秋日农事较闲时,人们进入山中采摘野果及药材的活动,算是一种上天的恩赐。到后来,人们便集中在固定的一天进行采集活动。

"登高"一般认为是登高山,但不是处处都有高山。为此,在登高形成之初就巧妙地解决了这一问题,用"登高"而非"登山"就是最好的注解。所以登高更多地是取其象征意义,即往高处登临。登高主要是登山,兼及登楼、登城、登塔、登阁等。登高也寓意"步步高升",这也是登高颇受人青睐的原因。

一般认为重阳登高源于桓景避灾,这在南朝梁吴均的《续齐谐记》中有明确的记载,后代持此看法的颇多,如宋高承《事物纪原》中载有"则九日登高始于桓景"。前后往观,便可发现,先有登高之俗,后有关于登高的传说、故事。登高这一项古老的活动,经过各种习俗的逐渐演进,从崇拜、祭祀、求取中走出来,更多地被赋予了娱乐性、象征性,重阳登高更是其最为显著的体现。至于重阳登高是为了避祸还是祈求福寿,其都有一个对高处向往的共同点。

重阳登高,不单单是攀登,人们还要在登高欣赏秋日之景之余摆设饮宴,纵情享受。登高与饮宴的结合,可以说堪称完美,以至此后蔚成风气。在魏文帝曹丕的《九日与钟繇书》中就有"故以享宴高会",而且在信中着重强调了重阳登高是为了祈求福寿。晋代征西大将军桓温也曾于重阳节在龙山摆下宴席。梁朝宗懔《荆楚岁时记》中有对九月九日的著述,如"九月九日,四民并籍野饮宴。""按杜公瞻云:'九月九日宴会未知起于何代,然自汉至宋未改,今北人亦重此节。'"南朝时宋人孙诜在《临海记》中记载了临海地区重阳登高之俗:"郡北四十步有湖山,山甚平正,可容数百人坐。民俗极重,每九日菊酒之辰,宴会于此山者,常至三四百人。"由此可见重九登高的盛况。《南齐书·礼志》有"宋武帝为宋公,在彭城,九日出项羽戏马台,至今相承以为旧准"的记载。

登高

隋朝以后,登高一般选择在高处即可,登山之举逐渐减少。隋杜公瞻在为《荆楚岁时记》注释中说道:"近代皆宴设于台榭。"唐代重阳登高之风更盛,帝王也喜欢登高宴饮,常登临长安慈恩寺内的大雁塔和曲江园林内的曲江亭。《全唐诗话》和《唐诗纪事》均有唐中宗九月九日幸临渭亭登高的表述,而唐诗中有关重阳登高的记述更是不胜枚举："九日天气晴，登高无秋云""强欲登高处，无人送酒来""九月九日望遥空，秋水秋天生夕风"等都是描写重阳登高的名句。李白在其《梦游天姥吟留别》的诗中更有"脚着谢公屐，身登青云梯"的表述。

宋代也有重阳宴饮的记载，《九日和韩魏公》是苏洵作为答谢写给韩琦邀请自己参加重阳宴饮的诗篇，其中"佳节久从愁里过，壮心偶傍醉中来"直抒胸臆，不仅解了思乡愁，也表达了自己的志向。《东京梦华录》记载了北宋开封的重阳节，人们多外出登高，多在仓王庙、四里桥、愁台、梁王城、砚台、毛驼冈、独乐冈等处聚会宴饮。

明清时，北京地区登高颇盛，明代更有皇帝亲临万岁山登高之举。而在北京，重阳日人们则多选择登香山、法藏寺高塔、报国寺高阁；南京登高处多选择在雨花台。《帝京岁时纪胜》说："重阳日，北城居人多于阜成门外真觉寺、五塔金刚宝座台上登高，城南居人多于左安门内法藏寺弥陀塔登高。"《燕京岁时记》云："京师谓重阳为九月九。每届九月九日，则都人提壶携榼，出都登高。南则在天宁寺、陶然亭、龙爪槐等处，北则蓟门烟树、清净化城等处，远则西山八刹等处。赋诗饮酒，烤肉分糕，洵一时之快事也。"清代重阳登高的范围之广、活动日盛可见一斑。

近代以来北京香山、广州白云山，甚至江西南昌滕王阁等也成了登高之地。由此可见在重九日登高、饮宴已成为一个传统，并且一直很流行。

在众多关于重阳登高宴饮的记载中，还留有两段佳话：一是晋代的"孟嘉落帽"，一是唐代的滕王阁会。

"孟嘉落帽"作为一典故，用以形容才子名士的才思敏捷、临乱不惊、风雅洒脱。孟嘉，东晋时著名文人，《晋书·孟嘉传》记载，孟嘉曾在西征大将军桓温的手下做参军，深得桓温器重。某年的九月九日重阳节，大将军桓温邀请幕僚宾客一同游览龙山，并在龙山上大摆宴席。出席的幕僚宾客都穿戴得非常干净整洁，宴会之上觥筹交错，赋诗唱和。突然间刮来一阵大风，把孟嘉头上的帽子吹落在地，而孟嘉怀着几分醉意在欣赏山上美景之余并没有留意。可按照当时的礼仪，尤其是在公共场合，是不能随意把帽子脱掉的，帽子吹落是非常失礼的事。桓温悄悄地对身边的人使眼色，不让他们告诉孟嘉，而借此观看孟嘉的举止，并在孟嘉去厕所之时，让人把帽子捡回来并放在孟嘉的座位上，还专门让在座的孙盛写文章嘲笑他。等孟嘉回来看到这个场面，不但没有慌神，反而立即回敬了一篇文章。结果满座的宾客都称赞不已。孟嘉临乱不惊的表现由此留下佳话，成为重阳登高常用的典故。

而另一段佳话发生在唐代诗人王勃身上。提起王勃，可谓耳熟能详，其为"初唐四杰"之一，才华卓著，最为有名的要数其所作的《滕王阁序》，而这段佳话就与此有关。

江西南昌，古称洪州，唐朝太宗年间，太宗之弟、滕王李元婴在此营建一高阁，命名为"滕王阁"。其后，洪州都督阎伯玙重修滕王阁，九月九日在此大宴宾客，王勃赴会，写下《滕王阁序》一文，成一世之名。据载，王勃13岁那年在回家探望父亲的路上，碰见一位老翁，老翁告诉王勃，洪州都督阎公在明日重阳节摆下宴席，邀人作《滕王阁序》，他请王勃也去参加，好成就其一世之名。王勃在老翁的帮助下，日行七百里，终于在重阳节那天赶上了滕王阁会。滕王阁上，群才贤集，阎公有意抬举女婿，大家都谦辞推让，而王勃年轻气盛，一马当先，欣然受命,都督心中不悦,忙派人看王勃如何下笔。开始几句,都督不以为意,待到写出"落霞与孤鹜齐飞,秋水共长天一色"时,阎公不禁拍案叫绝。《滕王阁序》一挥而就,王勃至此名扬天下。《滕王阁序》堪称"古代骈文中的冠冕",以至一向反对骈文的文学家韩愈都称赞其"读之可以忘忧"。

赏饮簪食菊群芳

赏菊、饮菊花酒、簪菊等也是重阳节的传统节俗。金秋九月,菊花绽放,千姿百态,美艳动人,故而九月亦被称为"菊月"。而重九为九月节,同五月五日端午节中艾叶、菖蒲等类似。菊与重阳密不可分,故称重阳为"秋祓"。菊花又是传统的草药,菊花在重阳节多被视为辟邪之物,为此此节也被称为"菊节""菊花节"。

菊花是我国的传统名花之一,在我国已有三千多年的栽培史。菊是应时的花草,《礼记·月令》载:"季秋之月……鞠有黄华。"东汉崔寔《四民月令》又载:"九月,菊有黄华,华事至此而穷尽,故谓之鞠。节华之名,亦取其应节候也。"唐徐坚《初学记》说它是"霜降之时,唯此草盛茂",其在重阳节前后开花,又被称为"节花"。这些都表明菊花为季秋九月的应时花卉,为此菊花亦被称为"九月菊"。

金秋九月,重阳节上,菊花便成为最夺目的嘉宾。原始菊花多为天然杂交,后经人工选育,自晋代起逐渐栽培,并作为应景观赏对象。此后菊花品种逐渐增多,且栽培范围得以扩展,栽菊之风盛行。至宋代,菊花由室外栽培发展到盆栽,并出现了嫁接手法,使其进一步发展。宋代刘蒙还编撰《菊谱》

一书,更是我国第一部菊花专著,可谓开一时之风。

国人自古爱菊,屈原在《九歌·礼魂》中就留有"春兰兮秋菊,长无绝兮终古"的名句,其又与梅、兰、竹并称"花中四君子",富有较好的寓意,向来被视为花中神品。菊与重阳联系在一起始见于汉,《艺文类聚》载"崔寔《月令》曰'九月九日可采菊花'",被视为菊与重阳的最早记载。可见菊花很早就进入人们的视野,成为应景之物。大文豪苏东坡就曾发出"菊花开时乃重阳"的感叹,真可谓无菊不成节。重九佳节,菊蕊乍开,清香淡雅,笑傲霜雪,历来被视为"花中君子",有君子之德、隐逸之风,所以自古以来便被人们欣赏称颂。

赏菊之风在魏晋南北朝时风行,魏文帝曹丕就有借赠送菊花作为重阳节问候的记载。《艺文类聚》中转引魏钟会的《菊花赋》,盛赞"夫菊有五美焉,圆花高悬,准天极也;纯黄不杂,后土色也;早植晚登,君子德也;冒霜吐颖,象劲直也;流中轻体,神仙食也"。其从形、色言及内在品质、食用性,可谓一语中的,称赞精到。其后多有称赞菊花高贵品德和精神的诗篇。但提及菊花,不可不提东晋大诗人陶渊明。陶渊明以隐居而闻名,开田园诗一脉,亦以爱菊、爱酒著名。其创作的田园诗中最为后人铭记的则是《饮酒》其五,诗云:

> 结庐在人境,而无车马喧。
> 问君何能尔,心远地自偏。
> 采菊东篱下,悠然见南山。
> 山气日夕佳,飞鸟相与还。
> 此中有真意,欲辨已忘言。

此诗可以作为其人生写照,悠然淡泊、淳朴宁静作为对生活的追求,以至后代多有用"东篱""南山"等意象代替这种超脱的境界。而菊花也有了"隐菊"的雅称,东篱赏菊更被赋予了坚持晚节的人生意义。陶渊明的人生品格正象征着菊花的高洁,以至后人对菊花更加偏爱推崇。

陶渊明爱菊,常对菊自语,留有"菊花知我心,九月九日开。客人知我意,重阳一同来"的诗句,菊花之于重阳更近一层,而陶渊明的菊花也被称"重阳菊"。他也更爱酒。其在《九日闲居》诗序文中写下"余闲居,爱重九之名,秋菊盈园""酒能祛百虑,菊解制颓龄"。其嗜酒如命,但因生活拮据,时常缺酒,朋友颜延之送给他两万文钱,谁料陶渊明竟将钱全部存放在酒馆,好天天买酒喝。而更具传奇色彩的是檀道鸾《续晋阳秋》中的记载,说陶渊明嗜酒,但家中清贫,不能常得,有一年重阳节,恰逢家中无酒,无奈之下只得坐在篱边赏菊,忽然来了一位白衣人,原来是好友王弘送酒来了,陶渊明欣喜若狂,当即开怀畅饮,"白衣送酒"这一典故自此而来。其后,对"白衣送酒"多有演绎,唐李白《九日登山》咏道"因招白衣人,笑酌黄花菊",足可见诗人的超然飘逸;杜甫《复愁十二首》诗云"每恨陶彭泽,无钱对菊花。如今九日至,自觉酒须赊",则隐隐暗含诗人的愁绪;宋黄庭坚《次韵闻善》有"常应黄菊畔,怅望白衣来",则是对诗人赏菊而无酒心绪的精彩描绘。后人还将"孟嘉落帽"与"白衣送酒"合在一起凑成一副对联:"乌帽凌风,参军举止;白衣送酒,处士风流。"

陶渊明之后,赏菊之风盛行,至唐代,咏菊之作更盛。王勃《九日》诗"九日重阳节,开门有菊花",借以表达唐人爱菊的盛况。元稹《菊花》诗:"不是花中偏爱菊,此花开尽更无花",更是一语道尽对菊花的喜爱。孟浩然《过故人庄》"待到重阳日,还来就菊花",不仅反映出当时农村赏菊的盛景,也体现重阳日世人对菊花的浓浓爱意。

到了宋代,随着菊花栽培的推广,赏菊之举蔚为大观。《东京梦华录》记载了京城开封"九月重阳,都下赏菊"的盛况,其中还提到"有数种,其黄白色蕊若莲房,曰'万龄菊';粉红色曰'桃花菊',白而檀心曰'木香菊',黄色而圆者曰'金铃菊',纯白而大者曰'喜容菊',无处无之"。开封重阳菊花之盛,使得部分旅店在门口用菊花扎成门洞,让过往的人从中穿过。《梦粱录》记载,在重阳日,禁中与贵家都要赏菊,而平民之家也会在这天买来一两盆菊花玩赏。菊花品种有七八十种,花香四溢且持久。宋周密《武林旧事》云:"禁中例于八日作重九排当,于庆端殿分列万菊,灿然眩眼,且点菊灯,略如元夕。"此即宫中赏菊的景致,而范成大在《范村菊谱》中写道:吴地的老花农,在春天栽培菊花,用打顶的方法,去顶枝,等到了秋天,这一干菊花可以开到数百上千朵。由此可以看出,当时菊花的栽培技艺已经相当成熟了。菊花嫁接技术的广泛推广为清代的"九花山子"奠定了基础。

明清时,菊花种类愈加繁多,赏菊之风相比先前也毫不逊色。明张岱《菊海》中曾记述了山东兖州地区的赏菊之风,更发出"真菊海也"的慨叹。清初《广群芳谱》记载菊花达三四百种。《清嘉录》中用千百盆菊花堆成"菊花山"的记载,而《燕京岁时记》也有类似记述:"九花者,菊花也。每届重阳,富贵之家以九花数百盆,架庋广厦中,前轩后轾,望之若山,曰九花山子。四面堆积者曰九花塔。"明清之后的重阳节,全国各地都要举办大型的菊展,可谓万菊竞艳,人潮涌动。而在江浙一带还盛行持螯赏菊,重阳正是品食绒毛蟹的最佳时间,此时蟹黄满膘肥,一边赏菊,一边品蟹,可谓别具特色。很多城市也以菊花为市花,人们爱菊、赏菊如旧,甚至在重阳节互赠菊花以表达美好祝愿。

赏菊

赏菊之外,还有值得称道的食菊、菊酒、菊茶。《离骚》中"朝饮木兰之坠露兮,夕餐秋菊之落英"一句就指出菊花可食用,但屈原所处时代如何"餐菊"就不得而知了。古人食菊是基于菊花的药用价值,《本草纲目》中提及:"菊,春生夏茂,秋花冬实,备受四气,饱经露霜,叶枯不落,花稿不零,味兼甘苦,性禀平。"

在曹丕给钟繇的信中也说到菊花可以辅体延年,有助彭祖之术。彭祖是传说中活了八百多岁的人物,菊花有延年之效,因此又被称为"延寿客"。汉应劭《风俗通义》中还记载了一个菊水的故事,更是给菊花赋予延年益寿的色彩。南阳郦县有条甘谷,谷中的水很甜美,很多菊水从山上流下,谷中三十多户人家都饮用菊水,以致活到两三百岁才被称为上寿,百余岁为中寿,活七八十岁都被认为是夭折。司空王畅、太尉刘宽、太傅袁隗为南阳太守时听说了这件事后,都让当地每月送二十斛菊水。拿来饮用后,使得这些人患的风眩病都得以痊愈。宋代有以菊花制作的"菊花糕"。《武林旧事》载"且各以菊糕为馈,以糖肉秫面杂糅为之";陈元靓《岁时广记》引《太清诸草木方》载"九月九日,采菊花与茯苓松脂,久服令人不老"。

九九重阳,菊花最重要的功用是酿酒,饮菊花酒也就成了重阳节的传统习俗之一。菊入酒,是其药用价值的体现以及延年思想的反映。传说饮菊酒可长寿,从现代医学的角度看,菊花酒有明目、治头晕、降血压等功效,所以菊花酒被视为重阳节必饮的饮品。《西京杂记》载:"菊花舒时,并采茎叶,杂黍米酿之,至来年九月九日始熟就饮焉,故谓之菊花酒。"从中可以看出晋代菊花酒的制法,即在头年重阳节采下初开的菊花,连并附带一些枝叶,掺在准备酿酒的粮食中,然后用来酿酒,等到第二年重阳节再拿出来饮用。宋《北山酒经》中"九月取菊花曝干揉碎,入米馈中,蒸令熟,酝酒如地黄法"的描述也记载了菊花酒的制法。《续齐谐记》《荆楚岁时记》《风土记》中均有关于饮菊花酒的记载,南朝梁刘孝威的《九月酌菊花酒》及庾肩吾的《九日宴乐游苑应令》的诗中也均提到菊花酒,陶渊明跟菊酒更是有一段传奇。延及至唐,歌颂饮菊酒的诗更是不在少数。此后笔记和方志中多有重阳节饮菊花酒的记载,既有酿造的菊酒,也有将菊花放入酒中的泛酒。说起泛酒,是指用菊花浸泡的酒或将菊撒入酒中。《岁时广记》引《齐人月令》有"必采茱萸干菊以泛之"的记载,这种做法相比酿菊花酒来说,操作简单,但酒气微醺中透着隐隐菊香亦算雅致。唐孟浩然《卢明府九日岘山宴袁使君张郎中崔员外》云:"献寿先浮菊,寻幽或借兰。"其中的浮菊指的就是泛菊,也就是菊花酒。

采菊酿酒

  菊花入水可做茶。茶圣陆羽曾与著名的诗僧、茶僧皎然品茶论道,为此皎然有诗一首《九日与陆处士羽饮茶》:"九日山僧院,东篱菊也黄。俗人多泛酒,谁解助茶香。"饮菊酒和饮菊花茶在此立见高下,在皎然眼中饮菊花茶显然更具风雅。山僧院、东篱菊描绘的是佛家的清净地,泛酒、茶香,看似不相干的意象凝聚在一首诗中,足可见皎然的心境。但唐代饮菊花茶却并未普及,直到后来才流行开来。而菊花散风清热,平肝明目的功效得以更好地体现。

簪菊是赏菊、食菊外的另一习俗,起初是为了辟邪,后来则是为了装饰。杜牧的《九日齐山登高》诗云:"尘世难逢开口笑,菊花须插满头归。"唐末《辇下岁时记》说:"九日,宫掖间争插菊花,民俗尤盛。"农民起义领袖黄巢《菊花》诗也有"满城尽带黄金甲"的经典诗句。宋代簪菊之风很盛,周密《武林旧事》云:"都人是日饮新酒,泛萸簪菊。"宋司马光《九日赠梅圣俞瑟姬歌》有"不肯那钱买珠翠,任教堆插阶前菊"的诗句。苏轼《次韵苏伯固主簿重九》诗云:"鬓垂不嫌黄菊满,手香新喜绿橙搓。"如此种种,可见簪菊深受人们喜爱。宋代,还有将彩缯剪成菊花来相赠佩戴的。明代杭州还有簪菊旧俗,田汝成《西湖游览志馀》中还有"簪菊泛黄"一说。清代,北京重阳节有把菊花枝叶贴在门窗上祈求吉祥的习俗,可以说是头上簪菊的流变。民间有些地方还有用菊花装枕头的习俗,其主要功效是去头风、明眼目。《千金方》中就有记载:"常以九月九日取菊花,作枕袋枕头,大能去头风、明眼目。"陈钦甫《九日诗》云:"菊枕堪明眼,萸囊可辟邪。"陆游《老态》诗之一亦云:"头风便菊枕,足痹倚藜床。"时至今日,簪菊之俗已不多见。

祓除辟恶茱萸香

佩戴茱萸也是重阳节的又一民俗。晋代周处《风土记》载:"九月九日,律中无射而数九,俗尚此日,折茱萸房以插头,言辟除恶气而御初寒。"可见重阳节插茱萸是用以辟邪,这与五月五端午节的菖蒲、艾叶类似,故而茱萸又被称为"辟邪翁"。唐人张说《湘州九日城北亭子》诗云:"西楚茱萸节,南淮戏马台。"从中可以看出茱萸和登高是有联系的。《西京杂记》中"九月九日,佩茱萸"的记载,说明在魏晋南北朝时,茱萸已经跟重阳密不可分,而唐代王维的"遍插茱萸少一人"一句更是名扬千古,使其成为重阳的代表,故此节也被称为"茱萸节"。

茱萸又名"越椒"或"艾子",是一种常绿小乔木,也是一种中药植物,气味辛烈,具有杀虫消毒、逐寒祛风的功效。其根、茎、叶和种子均可入药,亦可制酒。《齐民要术·种茱萸》中转引它书,说明茱萸的三重功效:一是《术》曰'井上宜种茱萸,茱萸叶落井中,饮此水者,无温病'";二是"《杂五行书》说'舍东种白杨、茱萸三根,增年益寿,除患害也'";三是"《术》曰'悬茱萸子于屋内,鬼畏不入也'"。从中看出茱萸有除瘟病、增年益寿、辟邪消灾的功用,所以古人有佩戴茱萸之俗。《续齐谐记》中桓景令"作绛囊,盛茱萸以系臂",则在强调缘起的同时,更是强调茱萸除瘟病、辟邪消灾的功用。

茱萸之于重阳,更多是体现其功用,这可能跟重阳节后气温的变化有关。重阳节前多雨,节后天气多回暖,而茱萸是最好不过的防治手段。所以佩戴茱萸,可辟邪、除虫。对于茱萸的使用,主要有佩戴和食用。

佩戴茱萸有两种方式,一种是佩茱萸,是将茱萸籽装入制作好的小布袋中,然后将布袋挂在胸前、手臂或者腰间。茱萸散发的浓烈气味,就是茱萸辟邪作用的体现,可防蚊虫叮咬,起到防病防灾的效果。这个装茱萸籽的小布袋也就是所说的茱萸囊。《西京杂记》和《续齐谐记》中均有说到佩茱萸囊。《荆楚岁时记》中"今世人九日登高饮酒,妇人带茱萸囊,盖始于此"的记载,表明佩茱萸囊在女性中间极为盛行。重阳佩茱萸的习俗在唐代很盛行,在唐代的诗文中多有记录。如孟浩然《九日得新字》云"茱萸正可佩,折取寄情亲";张说《九日进茱萸山诗五首》云"菊酒携山客,萸囊系牧童";郭元振《子夜四时歌·秋歌二》云"辟恶茱萸囊,延年菊花酒"等。唐孙棨的笔记小说集《北里志》云:"九月九日为丝茱萸囊戴之。"宋代亦有相关记载,宋严有翼《艺苑雌黄》云:"九月九日,作绛囊佩茱萸,或谓其事始于桓景。"郭子正《九日词》云:"清晓开庭,茱萸初佩。"仲殊《宝月词》云:"戏马风流,佩茱萸时节。"另一种插茱

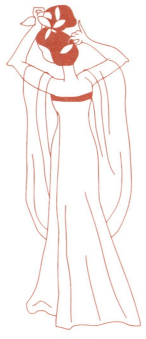

佩茱萸

萸的方式，是将茱萸插戴在头上，《风土记》中有载，而最为印象深刻的要数王维"遍插茱萸少一人"的诗句。王维借此诗句，表达了诗人身处异乡、佳节思亲的情感，极具感染力，往往使在外的游子潸然泪下。"他年同插茱萸"则是宋代黄庭坚《清平乐·示知命》中的句子，有很强的怀念意味。宋陈元靓《岁时广记》引《岁时杂记》云："都城人家妇女剪彩缯为茱萸、菊、木芙蓉花、以相送遗。"即彩缯剪成茱萸、菊、木芙蓉花来相赠佩戴，从中可以看出人们出于对美的追求，使茱萸的佩戴方式发生了变化，从最初的辟邪转为美化。重阳佩戴茱萸的风俗自宋以后逐渐衰落，但仍流传下来。明清时在一些地方志中还有佩戴茱萸等记载。秋瑾《九日感赋》云："思亲堂上茱初插，忆妹窗前句乍裁。"借此诗表达其出嫁后的思乡之情。

茱萸的食用则是将其中某一品种拿来食用，故将这种能食用的茱萸称为"食茱萸"。茱萸的食用主要是用来当佐料、做饼制糕、酿茱萸酒。《齐民要术》中有关于鱼酢的做法，即"炊秫米饭为糁，饭欲刚，不宜弱，弱则烂酢，并茱萸、橘皮、好酒于盆中合和之"。意思是说用粳米蒸饭，饭不能蒸的太软，将茱萸、橘皮和好酒等配料倒在盆中和好，这里的茱萸显然是作为一种佐料添加进去了。李欣《九月九日刘十八东堂集》诗云："菊花辟恶酒，汤饼茱萸香。"这里是用茱萸来制作面食。《梦粱录》载："今世人以菊花、茱萸、浮于酒饮之，盖茱萸名'辟邪翁'，菊花为'延寿客'，故假此两物服之，以消阳九之厄。"这类似在酒中放入菊花的泛酒，用茱萸制酒，目的也是用以消除厄运。《武林旧事》中"都人是日饮新酒，泛萸簪菊"即是如此。《岁时广记》引《提要录》载："北人九月九日，以茱萸研酒洒门户间辟恶，亦有人盐少许而饮之者，又云：'男摘二九粒、女一九粒，以酒咽者,大能辟恶。'"由这一记载可知茱萸酒的饮法有两种:一是研好茱萸,然后放入酒中,也可以加入少许盐;二是用酒冲服茱萸子,男女还有分量的差别。关于茱萸酒还有一些词句,如王晋卿《九日词》云"带了黄花,强饮茱萸酒";黄庭坚《清平乐》云"萸粉菊英浮碗醑,报答风光有处";权德舆《九日北楼宴集》诗中云:"酒泛茱萸晚易醺。"

食糕寓意步高升

重阳糕是重阳的传统美食,取"高"的谐音,寓意"重阳高"。而提起重阳糕,便自然要问重阳糕的"前世今生"。我国自古以农立国,季秋九月,丰收时节,为庆祝丰收,人们会用收获之物做些食品享用,并且赠送亲友。而这些制作的食品是否跟重阳糕有联系?又是否跟九月九日有关联呢?具体则不得而知,但或许对重阳糕的产生有一定的影响。

重阳糕

《西京杂记》中提到"九月九日,佩茱萸,食蓬饵,饮菊花酒,令人长寿"。其中这个"蓬饵"究竟是什么？它是否跟重阳糕有渊源？汉郑玄《周礼·天官·冢宰下》载："糗熬大豆与米也,粉豆屑也。茨,字或作餈,谓干饵饼之也。玄谓此二物皆粉,稻米、黍米所为也。合蒸曰饵。"从中可以看出糗是由大豆和米一起熬制而成的,茨(餈)又被称为干饵饼。郑玄说它们都是用米粉做成的,而米粉是稻米和黍米。两者放在一起蒸,就被称为饵。扬雄《方言》也说："饵,谓之糕,或谓之餈。"这里点出饵又称糕或者餈,可推断其是一脉相承的。在汉代之前这种由稻米、黍米合在一起蒸制的食品或许并不称为糕,但至少在汉代,这种食品已经被称作糕了。其后《西京杂记》所说的"蓬饵"应该就是以后所说的重阳糕,九月九日食蓬饵也是对糕类食品成为节俗食品的认定。南朝梁人宗懔《荆楚岁时记》中说："佩茱萸,食饵,饮菊花酒,云令人长寿。"

至唐代,《唐六典》中记载在重阳节设宴招待宾客的节日食料有"九月九日麻葛糕"。"糕"取意"高",寓意步步高升。《天中记》中有"九月重阳日上五色糕"的记载。《嘉话录》也记载有唐人袁德师因避其父袁高之讳不食重阳糕的事。唐刘禹锡曾作《九日登高》诗："世路山河险,君门烟雾深。年年上高处,未省不伤心。"其中"年年上高处"一句,据说刘禹锡当时想写"高"为"糕",但顾念"糕"这一民间俗字并未在典籍中出现过,所以不敢把"糕"字写进诗中。后宋人罗大经在《鹤林玉露》中记叙："刘禹锡作九日诗,欲用糕字,以其不经见迄不敢用。故宋子京诗云:'刘郎不敢题糕字,虚负诗中一世豪。'然白乐天诗云'移坐就菊丛,糕酒前罗列',则固已用之矣,刘白倡和之时,不知曾谈及此否？"这则记述清楚地指出宋子京对刘禹锡不敢用"糕"字显得颇不以为意,另一面又提到白居易诗中敢用,并发问两者是否谈过此事。由此推及,"糕"字在唐代便已经存在,只不过此字出现较晚罢了。

宋代有关重阳糕的记载就比较详细和明晰了。陈元靓《岁时广记》中转引记录了很多种糕点:如枣栗糕,引《皇朝岁时杂记》载:"二社、重阳尚食糕,而重阳为盛。大率以枣为之,或加以栗,亦有用肉者,有面糕、黄米糕,或为花糕。"此处指出重阳节食糕之风盛行。重阳糕大多加入枣,有的还加入栗或者肉,有面糕、黄米糕等,式样很多。万象糕,引《皇朝岁时杂记》载:"常以九月宗祀明堂,故公厨重九作糕,多以小泥象糁列糕上,名曰'万象糕'。"九月祭祀明堂,便会让人在重阳节制作糕点,常把小泥象放在制作的糕上,这便是万象糕。祭祀是国家大事,历来备受推崇和敬重,以万象糕供奉,算是体现高规格。《东京梦华录》说在重阳节前一两天用粉面蒸制重阳糕,上面插上剪好的小彩旗,糕里掺有石榴子、栗子黄、银杏、松子肉等,又用面做狮子蛮王,放在重阳糕上,称它为"狮蛮"。《梦粱录》则载"兼之此日都人店肆,以糖面蒸糕,上以猪羊肉鸭子为丝簇钉,插小彩旗,名曰'重阳糕'"。这跟北宋的重阳糕类似,也是用面蒸制,里面掺有猪羊肉等,再插上彩旗。《梦粱录》另有载"蜜煎局以五色米粉塐成狮蛮,以小彩旗簇之,下以熟栗子肉杵为细末,入麝香糖蜜和之,捏为饼糕小段,或如五色弹儿,皆入韵果糖霜,名之'狮蛮栗糕',供衬进酒,以应节序"。从中可以看出南宋时重阳糕和狮蛮是两种不同的食品。重阳糕用糖面蒸制,伴有猪羊肉等,插小彩旗;而狮蛮的做法则体现出制作的复杂,从形制到用料搭配都更考究。《武林旧事》中则称重阳糕为"菊糕",其"以糖肉秫面杂糅为之,上缕肉丝鸭饼,缀以榴颗,标以彩旗"。

卖重阳糕街市

重阳节吃重阳糕在明清时十分流行。《帝京岁时纪胜》中说:"京师重阳节花糕极胜。有油糖果炉作者,有发面累果蒸成者,有江米黄米捣成者,皆剪五色彩旗,以为标帜。市人争买,供家堂,馈亲友。"这表明在清代重阳糕的种类已经很多,制作方法也变得多样,并深受人们喜爱,人们争相购买,供奉家堂或者赠送亲友。《燕京岁时记》关于"赋诗饮酒,烤肉分糕,洵一时之快事也"的表述,说明重阳糕已经融入人们的生活中了。其还详细记述了两种花糕:"其一以糖面为之,中夹细果,两层三层不同,乃花糕之美者;其一蒸饼之上星星然缀以枣栗,乃糕之次者也。每届重阳,市肆间预为制造以供应。"相较宋代而言,食材的选用有些许变化,更加普及,想来重阳食糕影响更盛。明清时食重阳糕一俗又有了新变化,有的地方会在重阳日天明时,将重阳糕放在儿女额头,寓意"百事俱高",

这应是取谐音的又一种变俗。民国时期,重阳花糕仍存。有的花糕上会印上两头羊,取"重阳"之意。

鸢飞驰猎踏秋怡

重阳,又称"辞青""踏秋",可以说是与三月初三上巳节的"踏青"相对。重阳"辞青"是对寒霜将至前的留恋。农历九月,秋高气爽,云淡天轻,在丰收之季出游赏景,一抒喜悦之情,既是对丰收满载的满足,亦是对身心舒展的畅快。

重阳时节,和风习习,此时放风筝最是应景,民间也最喜好于此。人们争相在旷野上借着秋风,竞逐放筝。风筝是能工巧匠用薄竹篾等材料裱糊制作的。随着造纸业的日益发达,民间开始用纸来裱糊风筝,在晴好风拂日放风筝之俗更是日盛一日。将风筝制成各式各样,在放飞天际之时,不仅是娱乐,也是一种体育运动,更是人们寄托消去灾邪、除去污秽的

放风筝

美好愿望。清雍正《广西通志》载有"九月九日邑人登岭放风筝为乐",同治《韶州府志》也有"重阳上墓,仍登高饮茱萸酒,儿童竞放风筝"的说法。在江南一些地方还有重阳节悬五色旗的习俗,用宣纸或连史纸制作,裁剪成三角形、正方形等形状,不仅要在边缘点缀流苏,还要在旗上绘制脍炙人口的古代传说故事,让五色旗充盈于大街小巷,步行其间,目不暇接,犹如进入故事的海洋。

重阳节也是古代中国人开展骑射、围猎活动的大好时机。这一习俗跟北方游牧民族关系密切。在南北朝时,朝廷便有每逢重阳必有骑马射箭的规定,而且更是将其列为武举的应试科目,只有达标了,才准许参加其他项目的考试。到了唐朝,在重阳日当天,朝廷更是让五品以上的官员齐聚玄武门练习骑射。《辽史·礼志》记载:"九月重九日,天子率群臣部族

射猎

射虎,少者为负,罚重九宴。射毕,择高地卓帐,赐蕃汉臣僚饮菊花酒,兔肝为臛,鹿舌为酱,又研茱萸酒洒门户以禬禳。"这一记载,基本将重九习俗,如射猎、宴饮、登高、饮菊酒、用茱萸辟邪,全部罗列而出,说明此时重阳节的习俗已定。清于敏中《日下旧闻考》中亦有类似记载。

重阳节诗词赏析

> 独在异乡为异客,每逢佳节倍思亲。
> 遥知兄弟登高处,遍插茱萸少一人。
> ——王维(《九月九日忆山东兄弟》)

此诗传唱千古,可以说成了重阳节的代名词,每每念及不免有些伤感。诗人一语道出了游子思乡怀亲的情感,开篇即点出孤身在外漂泊的境地,顿生凄清之意;紧接着讲述佳节至,倍思亲,情感进一步升华;最后诗人畅想远在家乡的兄弟重阳登高唯独少了自己。诗以跳跃的韵感结尾,但是情感却含蓄深沉,可谓朴素之中见真情。

> 风急天高猿啸哀,渚清沙白鸟飞回。
> 无边落木萧萧下,不尽长江滚滚来。
> 万里悲秋常作客,百年多病独登台。
> 艰难苦恨繁霜鬓,潦倒新停浊酒杯。
> ——杜甫(《登高》)

诗人以登高所见秋江之景,倾诉了自己常年漂泊、清冷孤愁的情感。开篇"风急"即奠定了全诗凄冷的基调,借高猿哀鸣、白鸟飞回体现孤苦悲凉,结合自己的境遇,感叹时光易逝,壮志难酬,哀叹身世飘零。融漂泊、怀乡、垂暮、哀怨于一炉,动人心弦。明代胡应麟极为推崇此诗,盛赞其为"古今七言律诗之冠"。

> 故人具鸡黍,邀我至田家。
> 绿树村边合,青山郭外斜。
> 开轩面场圃,把酒话桑麻。
> 待到重阳日,还来就菊花。
> ——孟浩然(《过故人庄》)

此诗则将平淡的情感寓于其中,描写了一派田园风光。诗人应邀前往友人家做客,在青山绿树中,举酒闲谈,充满意趣,最后以重阳还来赏菊之语将景与情完美结合。言辞虽显平淡,但映衬出诗人与友人间真挚浓厚的情感。田园之中情意在,不能不说是一种淳朴静谧的人生享受。

> 傍湖滨、几椽茅屋,依然又过重九。烟波望断无人见,惟有风吹疏柳。凝思久。向此际,寒云满目空搔首。何人送酒。但一曲溪流,数枝野菊,自把唾壶叩。
> 休株守。尘世难逢笑口。青春过了难又。一年好景真须记,橘绿橙黄时候。君念否。最可惜,霜天闲却传杯手。鸥朋鹭友。聊摘取茱萸,殷勤插鬓,香雾满衫袖。
> ——秦观(《摸鱼儿·重九》)

"苏门四学士"之一的秦观,被尊为婉约派一代词宗。其一生坎坷,所作诗词,高古深沉,感人至深。此作通俗易懂,是重阳日最好的倾诉,也多化用前人诗句,讲述了重阳日,一人在湖滨的茅屋独酌,放眼望去浩渺烟波,风拂疏柳。凝思良久,看向天际,浮云入眼,只能怅然的摇首,念及"白衣送酒",可只有一曲溪流、数枝野菊为伴。空自有渴望施展自己抱负的情怀,但随即委婉一转,道出应珍惜这难得的景致,莫辜负美好时光。将鸥鹭引为伴,茱萸插头,香雾溢满衣袖,沉浸其中,别是一番滋味。

薄雾浓云愁永昼,瑞脑消金兽。佳节又重阳,玉枕纱厨,半夜凉初透。

东篱把酒黄昏后,有暗香盈袖。莫道不消魂,帘卷西风,人比黄花瘦。

——李清照(《醉花阴·薄雾浓云愁永昼》)

此词显得温婉凄恻,开篇点"愁",借薄雾浓云渲染凄寂的气氛,时间漫漫,心思无聊,无所寄托。重阳佳节至,本该是夫妻团圆,一起饮酒赏菊之时,而如今只有他自己,不免感觉心中凄凉。黄昏时诗人独自饮酒,欲借酒消愁反而徒添忧郁,更增添了一份凄凉之感。以"瘦"结尾,不仅把萧瑟凄清的氛围烘托出来,还将思妇面容憔悴、心神愁苦的意境表达得淋漓尽致,虽言尽而意无穷。

人生易老天难老,岁岁重阳。今又重阳,战地黄花分外香。

一年一度秋风劲,不似春光。胜似春光,寥廓江天万里霜。

——毛泽东(《采桑子·重阳》)

　　此作则是众多重阳诗篇中极具特色的一篇,"悲秋"这一历来被传唱的主题,多是借秋的凄清、萧瑟来扣合心中的悲情,而借九九重阳悲秋,更是徒添悲情的气氛。而毛泽东却高开起势,气势恢宏。"人生易老"体现出虽人生短促、时光易逝,但更应当借此进取而莫负青葱年华,暗含自强不息、勇于前进的情感,将诗格完全提升一个高度,不悲秋,不感叹年年岁岁,而是要感受变的精彩,领略不同的风采。秋风的强劲不是萧瑟凄清,而暗喻其振奋、刚劲的力量,昂扬向上,前途一片敞亮,天朗气清。此词作于1929年,当时毛泽东正在去往闽西的征途中,恰逢重阳节,触景生情,创作此词。此时正值毛泽东离开红四军领导岗位,深入农村,一方面养病,一方面领导地方土地革命。他从高处着眼,一反常态,将感情完全升华,从而表达了其豪迈的情感和坚定的斗志。

八　冬至：
冬至阳生春又来

　　冬至，是传统节令之一，亦是传统节日。它意蕴非凡，意味着一场轮回循环，也意喻着新生萌动。祭天祭祖肃穆、测日葭灰精妙、绝事拜贺独具、数九消寒诗意、饮食娱乐丰富。冬至是人们对自然的认知，"冬至阳生春又来"不仅是人们对自然的敬畏，也是对循环往复的感叹，它饱含希望，又意喻珍惜。冬至节是对其更深层次的演绎，其丰富的文化意蕴来源于自然的馈赠，而这份馈赠更是人们喜迎佳节、融入传统节日中的那一抹浓浓笑意和暖暖的祝福。

冬至节溯源

"岁暮风动地,夜寒雪连天",唐代诗人白居易在其《风雪中作》一诗中这样描写年末的冬季。进入冬季,便可感受到凛冽的风、纷飞的雪和一如既往的肃杀。但风雪遮不住归人的双眼,也挡不住归人的脚步,因为在寒冷的冬季里有一个节日让归人的心中怀有牵挂。

冬至,也许是冬日里最为人们熟悉的一个节气。因为对多数人来说,特别是那些生长在北方的孩子,他们从很小的时候就知道,冬至这一天是一年之中白天最短、夜晚最长的一天。古人认为:"阴极之至,阳气始生。"人们用阴阳来解释这种自然转化,一终一始,这种自然而然的承接更让人们笃定这是上天的赐予。

说起冬至,人们并不陌生,二十四节气歌可谓耳熟能详。节气歌"冬雪雪冬小大寒"一句,第二个冬指的便是冬至。节气指二十四时节和气候,二十四节气是人们出于指导农事的目的订立的补充历法,在春秋战国时期形成,可以说是古人的经验总结和智慧结晶。我国古代以农立国,在那个"靠天吃饭"的年代便要对农事格外精心,只有严格遵循规律才能确保来年丰收。我国的传统历法农历实际上是一种"阴阳合历",即为根据太阳和月亮的运行规律制定而成的历法,但是其不能完全反映太阳的运行周期,只有掌握太阳的运行规律,才能更好地把握农时。所以人们经过总结规律,逐渐掌握了太阳的运行情况,在传统历法中又加入单独反映太阳运行周期的"二十四节气",用来确定闰月,即一般以五日为一候,三候十五日为一节或一气,这样一年就有十二节与十二气,合称为"二十四节气"。这种看似复杂的历法,实际上更多地体现出人们对气候、物候的深入认知。它不仅反映季节的变化,也用于指导农事,影响甚为关键。

作为二十四节气之一的冬至,它又有何特殊呢?这就要溯其源,明白其来由。冬至是二十四节气中最早制定出来的一个节气。早在春秋时代,人们就已经可以通过土圭观测太阳运行规律而推出冬至的时间,时间大约在阳历的十二月二十二日或二十三日。依照现代的科学解释则更为明晰:冬至日,时值太阳直射南回归线,对北半球而言,阳光最为倾斜,所以这时北半球的日影最长;而此时北半球处在全年白天最短、夜晚最长的一天,之后太阳直射点逐渐北移,白天渐长而黑夜渐短。可以说冬至是一年中最寒冷的时候,真正意义上的冬天到来了。由此,冬至又有"南至""长至""至日"等说法。按照我国传统的阴阳观念来解释冬至(即历法角度):冬至是一年中昼短夜长的至极之日,地雷复卦,称为"冬至一阳生",即冬至是阳气萌动的时刻。宋陈元靓《岁时广记》则有"大雪后十五日,斗指子,为冬至"的记载,明顾起元《说略》也有类似说法:"冬至,十一月中,终藏之气,至此而极也。"冬至标志着冬尽春将来。按照古代划分节气的方法,用明显的气候特征来诠释冬至,则又将冬至分为三候,分别是蚯蚓结、麋角解和水泉动,这是用现实中的实物去描绘冬至。古人认为蚯蚓是阴曲阳伸的动物,冬至时,虽然阳气开始萌生,但阴气还十分强盛,因此蚯蚓仍然会蜷缩在一起,而不会舒展。麋跟鹿同科,但阴阳不同,因为麋头上的角是朝后长的,这被视作阴。冬至阳生时麋会感觉阳气升起,阴气减退而解角。而对水泉动的解释则是阳气初生,山中的泉水便会开始苏醒,开始流动并饱感温热的气息。正因于此,冬至在二十四节气中才最受重视。

冬至历史悠久,溯冬至之源,最早可以追溯到周。关于冬至,有一种古老的说法,《易经·象辞》中就有"先王以至日闭关,商旅不行,后不省方"的说法。汉代班固的《白虎通德论·诛伐》也有类似记载:"冬至所以休兵不举事,闭关商旅不行何?此日阳气微弱,王者承天理物,故率天下静,不复行役,扶助微气,成万物也。"冬至日关闭城关,商旅不通等做法是因为阴气盛的缘故,所以此日讲求休息。周代建制,以农历的十一月为正月,其以冬至为岁首过新年,即周代的正月等于如今的十一月,因此周朝的迎岁与贺拜并没有区别。《北堂书钞》引《淮南子》云:"冬至日,天子率三公九卿迎岁。"《周礼》中有冬至日"致天神人鬼"祭祀仪式的记载。这些都表明周代已有冬至日的活动。秦代沿其制,也以冬至为岁首,有把冬至视为过年的意思。

直到汉武帝太初改历,采用夏历(阴历、汉历)后,才将其区分开来。《汉书》载:"冬至阳气起,君道长,故贺。"这里就清楚地表明,人们过冬至是为了庆祝新的一年,由此把冬至视为节日源于汉代。汉代以冬至为"冬节",官府要举行相应的祝贺仪式,被称为"贺冬",在冬至日要例行放假。《后汉书》中有这样的记载:"冬至前后,君子安身静体,百官绝事,不听政,择吉辰而后省事。"即过冬至节时,人们要注重静养、休息,朝廷上下放假休息,所有官员都停止做事,不临朝听政,而是拜访亲朋,欢乐过节。

魏晋南北朝时,冬至被称为"亚岁",用以区别采用夏历后的新年,但冬至始终作为二十四节气的首位,从这一点可以看出,冬至的地位一直很高。其后唐宋,地位更重,人们将"冬至"和"岁首"并重。冬至日要进行祭天祭祖的活动,民间还有向已逝父母尊长祭拜的传统。宋孟元老《东京梦华录》载:"十一月冬至,京师最重此节,虽至贫者,一年之间,积累假借,至此日更易新衣,备办饮食,享祀先祖,官放关扑,庆贺往来,一如年节。"这表明北宋时,冬至节的重要性深入人心,冬至当日,哪怕是贫穷的人,也要在这一天倾注所有,置办新衣、饮食,以此来庆贺节日。南宋吴自牧的《梦粱录》也有冬至节人们举行隆重的典礼、亲朋走访馈送庆贺的记载。

延及明清,冬至节俗依旧长盛不衰。明清两代在冬至这一天,皇帝均有祭天大典,百官要进表朝贺。《帝京岁时纪胜》有"长至,南郊大祀,次旦百官进表朝贺,为国大典"的表述,可见冬至祭天的重要性。《清嘉录》甚至还有"冬至大如年"之说。冬至虽作为国家大典,但民间也相互拜贺,气氛不亚于新年。现在,虽然冬至作为节日已经逐渐淡化,但很多地方还保留有一定的节俗。冬至节俗的延续,既是对冬至节的肯定,也是一种演进。

冬至节的习俗演变

若说起冬至的习俗,因它是二十四节气之一,原本是为了指导农事,因此它有其作为节气而拥有的最为原始的寓意,其后发展成冬至节,内容在原有风俗的基础上更加丰富。冬至节的主题一般包括祭天祭祖、测日葭灰、绝事拜贺、数九消寒、食俗娱乐等。

敬天祭祖拜神祇

冬至起初作为岁首,意义非同一般。冬至"阴极之至,阳气始生",被认为是阴阳的界点,冬至时阴气达到极点,阳气开始回升。司马迁《史记·律书》中有"气始于冬至,周而复生,神生于无形"的记载,说明古人一直将冬至看作是节气的起点,这意味一个新的循环,而其中"日冬至,则一阴下藏,一阳上舒",就是对昼渐长、夜渐短的表述。由此反映季节变化的冬至更是具有特殊意义的日子了。

冬至日在农历十一月,这一天最明显的现象是白昼最短、黑夜最长,此后昼渐长而夜渐短,这种阴阳消长的自然变化在古人看来是受上天支配的。古人认为,自然界中的一些自然现象的发生都是天神所为。风调雨顺、顺利平安是上天对人类的恩赐,相反则是上天对人类的惩罚,惩罚往往预示着违背上天的意思。因此,为摆脱惩罚,就必须尊仰天神,祭祀天神,以求取平安。这是对祭天最为原始的认识。因此,冬至日祀天便是不可或缺的仪式,特别是对自视为天之子的皇帝来说,产生了凡事必告于天,这也就有了左丘明《左传》中所说的"国之大事,在祀与戎"。因此祀天是古代封建王朝的国事大典,是重要的祭祀活动之一。《史记·封禅书》中提及"冬至日,祀天于南郊,迎长日之至",因此祀天一般在南郊。

《周礼·春官·宗伯下》载有:"冬日至,于地上之圜丘奏之,若乐六变,则天神皆可降,可得而礼矣。"意思是说,冬至日,大司乐要在圜丘之上奏乐,奏乐六次,则天神降,那时就可以礼神了。其中还有"以冬日至,致天神人鬼",就更明确无误地指出冬至日祭天的用意,在于祈求和消除疫疾,减少荒年和饥饿等,用意在于祈求这一年五谷年丰、太平永乐。周代祭天的正祭于每年冬至日在国都南郊圜丘举行。圜丘即指高出地面的圆土丘或者是设置的圆形祭坛,象征天圆。祭祀之前,天子和百官要斋戒并且供献上牺牲和祭器。"冬至日,天子率三公九卿迎岁"即是周天子郊祀祭天的记录。

至汉代,汉高祖时祭天由专门的祀官负责。汉郑玄的《礼记·月令》中有正月祭天以祈谷的记载,这就使得祭天这一活动有了正月和冬至的区分,这一区分也从侧面印证了汉代采用夏历取代以冬至为岁首的周历的事实,而此两说的并存也影响到了相关风俗。从一系列关于祭天的记载来看,明确按照《周礼》中所载的在冬至圜丘之上实行祭天的是在魏晋南北朝。北朝多在冬至祭天,南朝多在正月祭天,但后来也有在冬至祭天的活动。隋唐继承了魏晋南北朝以来的制度,冬至、正月均有祭天之俗,唐裴达《南至日太史登台书云物》诗的首句"圆丘才展礼,佳气近初分",便是对祭天的精彩描述。

到了宋代,关于祭天则有更为详尽的记载。《东京梦华录》对北宋祭天仪式有精彩的表述:冬至日祭天,百官皆要穿戴好祭天的礼服,按照官职大小,分好层次顺序。祭天之前还要到太庙祭祖,到斋宫斋戒。冬至日时到南郊圜丘行祭天之礼。祭坛设置高三层七十二级,可见规格之高。祭天之时,乐舞奏歌,登坛献上祭品,往复三次,周围数十万众肃然皆拜。从祭天仪式的盛大,也看出冬至祭天对于古人的重要性。《梦粱录》亦有"太庙行荐黍之典,朝廷命宰执祀于圜丘"的记录。

祈年殿

明清时祭天,则最为今人所熟知,明清两朝祭天的场所即现存于北京的天坛。天坛始建于明永乐年间,清乾隆、光绪时重修改建。天坛的主体建筑为祈年殿、圜丘、皇穹宇以及东北的牺牲所和西南的斋宫。祭天场所在圜丘,其是用三层汉白玉砌成的平台，圜丘中心铺设天心石，取意上达天听，围绕天心石的是扇形的石板，最内一圈为九块，依次增加，均为九的倍数，直至九九八十一块，以象征九重天。祭天前一天，皇帝要前往斋宫斋戒沐浴，第二天在圜丘举行祭天大礼。祭天时，皇帝要穿祭服，请神牌，相应的官员各司其职，如太常寺堂官要奏请行礼，典仪官要唱"燔柴迎帝神"，还有奏乐、升火等，礼仪极为繁琐、复杂、隆重。由此可一窥祭天在古代帝王心中的地位。

相较于宫廷隆重的祭天仪式来说，民间在冬至日则更注重祭祖。关于冬至祭祖，东汉崔寔的《四民月令》中就有民间于冬至日祭祀进献黍羊等物的记载。冬至日人们要向已逝父母尊长祭拜，旧时宗家望族还要进行冬祭，即在冬至日当天开宗祠，举行祭祀大礼。有些地方还有"冬节不回家无祖"的说法，意思是冬至节是团圆的日子，外出的人要赶在这一天回家祭祀先祖。闽台地区就有冬至节回家祭祀先祖的仪式，如果外出不回家，就会被认为不敬先祖，不认祖宗。当然民间祭祖还要在食物上下工夫，这在闽台地区尤为显著。在福建，冬至日必不可少的是润饼菜，其是春卷的一种，做法讲究，极具地方特色，民间有所谓"包金包银、招财进宝"之说，也寓意家庭兴旺。在台湾地区，则有在冬至日用九层糕祭祖的传统。人们用糯米粉捏成鸡、鸭、龟、猪、牛、羊等象征吉祥、福、禄、寿的动物，然后用蒸笼分层蒸成，以祭祀祖先。祭祀之后还要摆下宴席，招待前来祭祖的宗亲，用食物联络久别的感情，"食祖"就是对这一活动的诠释，寓意不忘祖、不忘根。还有一些地方在冬至日有留筷之说，意思是冬至日那天，如果家中有人外出未归，也会照样留个座位、摆上碗筷，用以表达思念之意，在此之前也要祭祀祖先。

至明清,祭祖之风更盛,很多地方志中都有祭祖的记载,多是于冬至日,在家中祠堂,供上祭品,用以祀祭。送寒衣是江南地区冬至日最为特殊的一种风俗。这实际上是一种扫墓活动,由土葬改为瓮棺葬,即在冬至日的黑夜,把故去老人的朽棺烧掉,将遗骨移入陶瓮,这一天在当天被称为"棺材天"。所谓送寒衣即是给已故的祖先送去御寒的衣服。古人担心在冥间的祖先缺衣少穿,因此,在祭祀时,除了供奉食物、香烛、烧纸钱外,还会有纸质的衣帽等。

测日添线动飞灰

祭天祭祖是最为传统的祭祀活动。祭天是对自然的敬畏,祭祖是对宗祖的缅怀,而在此之外,冬至占日则是对原始崇拜的一丝保留。太阳象征温暖、光明,出于对上天的敬畏,很早就有冬至占日的习俗。而占日所用的仪器就是众所周知的日晷。日晷是我国古代用来观测日影的工具,主要用于计时,原理在于利用太阳投影的方向来划分时刻。观察测量日影本是历代天文官员的工作,但民间百姓对此也有兴趣,因为日影观测很大程度上体现着太阳的运行规律,而这对农事的指导至关重要。《周礼·地官·司徒第二》载有"以土圭之法测土深,正日景,以求地中",这是用土圭影测量土地的方法,即直立一根杆子在地面,太阳位置的变化便会影响杆的影子的长短和朝向,由此便可推断出所处方位和季节。利用这种方法,便可得出冬至日影最长的结论,从而确定冬至的日期。占日还有结合蚯蚓结、麋角解和水泉动这三种实物来感知阳光用以判断冬至的方法。结合现代科学来看,这种方法是不能精确判定冬至日的,因为具体实物处于一定的环境,细微差别的变化都会影响到冬至日日影的变化,但这是古人的一种探索思路,是古人生活经验的积累。《岁时广记》引《易通卦验》载:"冬至之日,见云送迎从下向来,岁大美,人民和不疫疾,无云送迎,德薄岁恶。故其云赤者,旱黑者,水白者兵。黄者,有土功诸,从日气送迎其征也。"这是依据冬至日天上云的变化推断其对农事的影响,这就需要积累更多经验才能确保推断的准确性。

除用日晷来测定冬至的方法外,还有一种"悬土炭"的方法,这可以说是古人在对自然认知上的一次尝试,虽然结论正确,但是解释的原因还是有巧合的成分存在。《史记·天官书》中便有记载"悬土炭",方法是在冬至前三天,把土和炭分别悬挂在天平的两端,让两边保持平衡。到了冬至日,悬挂炭的那边就会下沉,即加重而下沉。古人对这种现象的解释,说是因为冬至日,阴气达到极致,阴气为水,所以炭的那边会下沉。从现代科学角度来看,炭的那端会变沉,主要是炭的吸水性在起作用,且其吸附能力远高于另一端的土。"冬至悬土炭"可以说是一次有趣的实验。唐裴度《至日登乐游园》中便有"验炭论时政"的句子,恰是说明此点。

冬至日测日影还影响了风俗。《荆楚岁时记》载有"冬至日量日影",其后注释说"晋魏间,宫中以红线量日影,冬至后,日影添长一线"。《岁时广记》中也有《添红线》一节,其后杜甫《冬至遣兴奉寄两院遗补》诗中有"愁日愁随一线长",说明此俗的含义是因为冬至后白天渐长,故而有刺绣每日多添一线的说法。在其《小至》的诗中,"刺绣五纹添弱线,吹葭六管动飞灰"

更是点出了冬至的两种风俗。前面即是讲刺绣添线的风俗,而后面则提到了另一种冬至特殊的风俗——葭灰占律,又被称为"飞灰""管灰""葭灰"。葭灰占律是为了测定节气而采取的一种方法,即在一密闭性能良好的、温度和湿度都较为稳定的屋子内,按一定方位摆放排列十二个木案,案面做成内低外高的倾斜状,用十二律的律管盛装葭莩(芦苇衣膜)烧制而成的灰,并将其依序排列在木案上。古人相信十二律与一年中的十二个月相对应,所以当月所属中气到来时,便会使得地气上升,从而使相应律管中的葭灰扬起。这在《后汉书·律历上》中有载,韩偓《冬至夜作》一诗中也有"中宵忽见动葭灰"的表述。

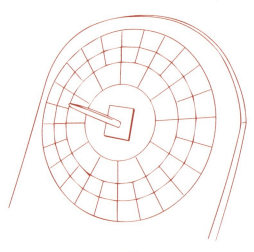

日晷

礼拜尊长献履长

古代有把冬至称为"履长"的习惯,陈后主叔宝的《五言画堂良夜履长在节歌管赋诗列筵命酒十韵成篇》咏冬至诗,其中所说的履长即冬至节。至于履长,《初学记》引《玉烛宝典》说:"十一月建子周之正月,冬至日南极景极长,阴阳日月万物之始,律当黄钟,其管最长,故有履长之贺。"即指出冬至日影最长,且在十二律中属于黄钟律,是在音阶中最长的日子。《礼记·月令》中又将十二个月所对应的律配出,十一月为黄钟。履长的本义由此而来。

履长节,则是将自然和民俗结合,从自然的角度诠释履长,即是对其本义的复述。冬至日,太阳在最南边,日影最长,属于黄钟律,对应音阶最长,故称。而相应的民俗则有妇女在冬至日向舅姑(公婆)献履袜。三国时期的曹植,其《冬至献袜履表》就是反映当时宫廷活动的礼仪。其中就有对履长和献履袜的记载,使其得以更好地诠释。"仪见旧仪,国家冬至,献履贡袜,以迎福践长",说明了履长节所在的时间是冬至,献履贡袜是为了迎福践长。践长的意思很可能是对应冬至日日影最长的意思,即在冬至日践踏土地上的日影,接受阳光,取意迎福,得以长久。《太平御览》引北魏崔浩《女仪》说:"近古妇以冬至日,进履袜于舅姑。"可见至少在魏晋南北朝时期,此俗已经形成并且比较普遍了。其中"近古""旧仪"则可推及在此之前已有此俗。唐段成式《酉阳杂俎》也有"北朝妇人,常以冬至日,进履袜及靴"的记载。明刘侗、于奕正《帝京景物略》有冬至日"唯妇制履舄上其舅姑"的记载。明田汝成在《熙朝乐事》

中也有冬至"妇女献鞋袜于尊长,亦古人履长之义也"的记载。可见此俗一直沿传。说到履长,引申开来,就是尊敬尊长,礼拜尊长,说明这一天既有敬老也有尊师之意。所谓敬老,即是在此日礼拜尊长,供献履袜;尊师即是对尊长意思的延伸,在这一天有宴请老师的习俗。除了拜师的节俗,还有拜圣、请教习、学馆放假等习俗。

绝事静息安绵长

绝事则是冬至的又一习俗。《易经·象辞》中就有"先王以至日闭关,商旅不行,后不省方"的说法。可知冬至关闭城关、断绝道路早已有之。《吕氏春秋·仲冬纪》中有"日短至,阴阳争,竹笙荡,君子斋戒,处必奄身。身欲宁,去声色,禁嗜欲,安形性。事欲静,以待阴阳之所定。"即主张在冬至日要禁绝各种欲望,以求达到身心安定。有休息沉寂的意思,以便更好地符合冬至的特点,完成阴阳的转化。《后汉书》中"冬至前后,君子安身静体,百官绝事,不听政,择吉辰而后省事"的记载,即是对这一习俗的继承。《白虎通义》中有相关解释,说是因为冬至是阴阳转化的节点,这一天阴气极盛,阳气始萌,安心静体,是符合阴阳转化的,所以绝事。冬至作为岁首,又是阳气的开始,所以有迎阳贺新的活动。《太平御览》引《易通卦验》载"冬至始,人主与群臣左右从乐五日,天下之众,亦家家从乐五日,以迎日至之礼",说明汉代就有此节庆,朝廷和民间在冬至日就有假期以表示庆贺的记载。崔寔《四民月令》也有冬至进酒尊长的记载。汉代的礼俗为魏晋所沿袭。魏晋南北朝时,冬至被称为"亚岁",可见其地位,将冬至同年节相比,《宋书·礼一》说:"魏晋则冬至日受万国及百官称贺,因小会。其仪亚于岁旦。"唐虞世南《北堂书钞》中也有"贺冬至,言日至冬至而始长,故欢喜"的类似表述。此后冬至均有朝贺之俗,成为国家的重要典制。

在古代,冬至日往往有假期。《东京梦华录》和《梦粱录》分别记载了北宋和南宋关于冬至拜贺的风俗。《东京梦华录》记载:冬至在北宋时,京师最受重视,即便是最贫穷的人,在冬至日时也会用一年间积攒或筹措来的钱置办新衣,筹备饮食,祭祀祖先。南宋的都城杭州,冬至节也备受人们推崇,亲朋之间有馈送礼仪,常举杯相庆,节日的盛况超过一般节日。正因为人们如此重视冬至,民间还有"冬肥年瘦"的谚语,意思是说冬至的盛况甚至超过过年。因为冬至时,往往是准备年节的开始,而此时农事较少,新谷入仓,人们争相庆贺,所以此时庆祝,所储藏的物品往往是最多的。而到了新年,储物有所消耗,自然比不过冬至。"冬肥年瘦"正是一语道出了百姓最为淳朴的愿望。

数九消寒暖初回

在冬至节中最为有趣的习俗应该是数九了。冬至过后,各地将进入最寒冷的阶段,俗称"进九",即冬至起九天为一个九,共九个九,计八十一天。民间有"冷在三九,热在中伏"的说法。数九是为了消磨沉闷而寒冷的冬天,期盼大地回春。

数九风俗最早见于《荆楚岁时记》,说明在魏晋南北朝时已有数九风俗。现存最早的《数九歌》,是敦煌文献中的《咏九九诗》:

一九冰头万叶枯,北天鸿雁过南湖。
霜结草头敷翠玉,露凝条上撒珍珠。
二九严凌切骨寒,探人乡友觉衣单。
群鸟夜投高树宿,鲤鱼深向水中攒。
三九飕流寒正交,朔风如箭雪难消。
南坡东地周荒坝,往来人使过小桥。
四九寒风不掩心,鸟栖犹自选高林。
参没未知过夜半,平明辰在中天心。
五九残冬日稍长,金乌□映渐近堂。
堆报学生须在意,每人添诵两三行。
六九衣单敢出门,朝风庆贺得阳春。
南坡未有蓂荚动,犬来先问北阴存。
七九黄河已半冰,鲤鱼惊散滩头行。
喜鹊衔柴巢欲垒,去年秋雁却来声。
八九蓂荚应日生,阳气如云遍地青。
鸟向林间催种谷,人于南亩已深耕。
九九冻蒿自合兴,农家在此乐哄哄。
楼中桅下黄金秆,平原陇上玉苗生。

  这首敦煌民歌语言精练、朴实,以其极通俗易懂的言辞,描绘了当地气候、物候的变化以及人们在"九九"的不同时期的状态变化。

  到了宋代,关于数九歌的记载才丰富起来。《岁时杂记》载:"鄙俗自冬至之次日数九,凡九九八十一日。里巷多作《九九词》。又云'九尽寒尽,伏尽热尽'。"苏辙的《冬至日作》一诗中也有"似闻钱重薪炭轻,今年九九不难数",但遗憾的是北宋

时流行的数九歌大多已经失传。南宋周遵道《豹隐纪谈》中则载有苏州一带的数九歌,从中可一窥究竟:

一九二九,招唤不出手;
三九二十七,篱头吹觱篥;
四九三十六,夜眼如露宿;
五九四十五,太阳开门户;
六九五十四,贫儿争意气;
七九六十三,布纳两头担;
八九七十二,猫狗寻阴地;
九九八十一,犁耙一齐出。

此数九歌相较敦煌所存的《咏九九诗》更为简单和通俗,简单的数九歌亦是能广泛传播的关键。此歌在江南甚为流行,一直延续到清代。其后明代在南方也有类似的数九歌:

头九二九,相逢不出手;
三九四九,冻得索索抖;
五九四十五,穷汉街上舞;
六九五十四,蚊蝇叫吱吱;
七九六十三,行人着衣单;
八九七十二,赤脚踩烂泥;
九九八十一,花开添绿叶。

这首数九歌的内容相较南宋周遵道记载的数九歌而言,是有较大区别的,主要是记录南方的气候、物候特征。由此可见数九歌有着极强的地域性,这也反映出气候变化的特点,所以数九歌是一个地方冬季气候最为贴切的反映。

流传至今的,也是最为人们广泛熟知的是:

一九二九不出手,
三九四九冰上走,
五九六九看杨柳,
七九河开,八九雁来,
九九加一九,耕牛遍地走。

从中不难看出这是流行于北方的数九歌,一九到九九相对应的行事即反映出当时的气候特点。

除数九歌外,冬至还流行九九消寒图。九九消寒图形式多样,具体形式有三:

九格消寒图。这也是九九消寒图最为简单的形式。所谓九格消寒图,就是在图中事先绘制横九格、竖九格,共计九九八十一格。方格纸中印有或画有圆圈,中间中空,是为了计算时间。《帝京景物略》载:"有直作圈九丛,丛九圈者,刻而市之,附以九九之歌,述其寒燠之候。"从冬至日起,每过一天,便要在格子里的圆圈上画上一笔,用以表示当天天气。圆圈在格子中的四个方位是有特殊寓意的,分别代表阴、晴、风、雨、雪。画的规则是"上画阴,下画晴,左风右雨雪当中。图中点得墨黑黑,门外已是草茵茵"。就是说如果是阴天,就把圈的上半部分染墨,如此对应。等全部画完,即"九九"格满寒消,春天就要到来了。当然还有更为好看的图形,但内容相似,如鱼形消寒图、泉纹消寒图、葫芦消寒图、孩儿消寒图等多种。

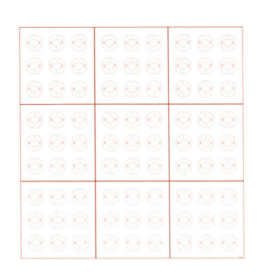

九格消寒图

文字消寒图。这种消寒图讲求一定的技法。该图由九个文字组成,但选择的文字比较讲究,每个字都要求是九划,合计为八十一划,且这九个字连起来还需讲求寓意,并非胡乱拼凑。较为常见的便是"亭前垂柳珍重待春风(風)"和"雁南飞(飛)柳芽茂便是春"。这些字一般是印在纸上的,中间中空,用以计算时间,每过一天,画上一画,即在中空部分涂上颜色。所有笔画涂尽,则九字皆满,语义出而九九尽,意味着春天到了。此外还有"故城秋荒屏栏树枯荣""庭前春幽挟草巷重茵""庭前屋后刊劲柏峰骨"等字样。在文字消寒图中最为考究的是作九体对联,即每联九字,每字九划,每过一天在上下联各划一笔,九九尽则联出,称为"九九消寒迎春联"。最为常见的有:上联"春泉垂春柳春染春美",下联对以"秋院挂秋柿秋送秋香";上联"柔柳轻盈香茗贺春临",下联"幽柏玲珑浓荫送秋残"。可以说汉字的精妙在文字消寒图中体现得淋漓尽致。

文字消寒图

梅花消寒图。《帝京景物略》载有:"日冬至,画素梅一枝,为瓣八十有一,日染一瓣,瓣尽而九九出,则春深矣,曰'九九消寒图'。"这是消寒图中最为雅致的一种。据传是源自南宋志士文天祥,其被关在元大都时,在狱中墙上画梅九枝,每枝九蕾,每过一天便将一朵花蕾改画为梅花一朵,九九八十一天后画满九九八十一朵梅花。其借"岁寒三友"之一的梅花自喻,以此来激励自己,既打发了狱中的时光,也寄托了自己"人生自古谁无死,留取丹心照汗青"的人生志向。其在梅花绽放之日慷慨就义,后世人们为寄托哀思,才构思了梅花九九消寒图。梅花消寒图是在白纸上画上一枝梅花,计有九朵,每朵九瓣(事实上,梅花仅有五瓣,此为应九九消寒之意),共计九九八十一瓣,每天画一瓣,当素梅变成红梅时,就意味着"出九"了。更富有韵致的则属妇女晓妆染梅。明杨允浮《滦京杂咏一百首》载有此俗,其自注云:"冬至后,贴梅花一枝于窗间,佳人晓妆,日以胭脂日图一圈,八十一圈既足,变作杏花,即暖回矣。"这种设计,将季节的变化和佳人晓妆的胭脂相结合,可谓独出心裁。其还有诗以表:"试数窗间九九图,余寒消尽暖初回。梅花点遍无余白,看到今朝是杏株。"

梅花消寒图

暖食游艺尽消寒

消遣之外最重要的莫过于美食。冬至有自己特殊的饮食。诸如馄饨、饺子、汤圆、赤豆粥、花糕、糯米圆等都可作为节日食品。

关于馄饨,历史悠久,古人常将馄饨这种食品附会一些神话。在一些典籍中,馄饨被视为开天辟地的象征。开天辟地之时,整个世界是混沌一片的,而"馄饨"一词即取自"混沌"。另外还有远古神话、匈奴之说和西施之说。

传说在远古时代,南海由天神倏执掌,北海由天神忽执掌,中央的天帝叫作馄饨。馄饨很好客,常邀倏、忽前来做客,招呼二位前来玩耍,招待的很周到。倏、忽两位天神有感于此便想着报答馄饨。他们认为人都有眼、耳、口、鼻,但馄饨没有,便自作主张带着工具去给馄饨开窍,一天开一窍,七天开了七窍,但馄饨却因此而寿终正寝了。当然这个传说有点游戏的味道。

匈奴之说。相传在汉朝时,北方的匈奴常侵扰中原,百姓深受其害,其中有两个部落,分别是浑氏和屯氏,他们杀人如麻,残忍异常,百姓特别憎恨他们,于是民间就有用肉馅包成角儿状的吃食,并取"浑""屯"两字的谐音,命名为"馄饨"的举措,希望借此打败匈奴,借以寄托和平的美好愿望。

西施之说。主要是吴越一带的故事,说是吴国打败越国后,吴王整日山珍海味,沉溺于酒色,某一次宴席上没有胃口,西施便包出了一种畚箕式点心献给吴王。吴王吃后赞不绝口,便问西施点心叫什么,西施知道吴王昏庸,成天浑浑噩噩,混沌不开,便随口应声"馄饨"。这真是绣口一出,一道美食流传千古。

馄饨

北方有"冬至馄饨夏至面"的说法,三国时代张揖《广雅》说:"馄饨,饼也。"可见馄饨在汉代就已存在,馄饨即饼,而饼是古代面食的通称,其后指扁圆形的面制食品。扬雄的《方言笺疏》中也有详细的记载,说馄饨是饼的一种,区别在于其中有馅,用汤水煮熟后食用,所以也有"汤饼"的说法。唐段公路《北户录》载有"北齐人颜之推云:'今之馄饨,形如偃月,天下通食也。'"这时的馄饨已经接近今天所说的饺子。宋周密《武林旧事》载有"冬馄饨,年馎饦,贵家求奇,一器凡十余色,谓之'百味馄饨'",可见此时馄饨的品种已经十分多样。其中还说冬至馄饨的首要意义在于祭祀祖先,其次才是饮食。明代关于馄饨的记载颇为翔实,在一些地方志中明确记载了馄饨的选用食材以及制作方法。在明代已经可以看出馄饨和饺子的区别了。清代《燕京岁时记》载:"夫馄饨之形有如鸡卵,颇似天地混沌之象,故于冬至日食之。"则对应了馄饨跟远古神话的关系。时至今日,可以看到馄饨已经深入寻常百姓家,而其称谓也算是一道独特风景,北方一般都称为"馄饨",算是继承正统,而南方的称呼则是别具特色,如四川称为抄手,广东称为云吞,湖北称为包面,江西称为清汤,而闽台则有扁食之称。众多的称谓虽有差异,但不管怎样,馄饨这一传统面食是人们不可割舍的冬至美食。

说起馄饨,便不能不提饺子。古时便有"扁食""饺饵"等名称,三国时期有"月牙馄饨",这是对其形状的描述,南北朝时称为"馄饨",唐代有"偃月形馄饨",宋代称为"角子",元代称为"扁食",清代则称为"饺子"。饺子在很长一段时间内被称为馄饨,这是因为人们认为馄饨和饺子并没有较大的区别,两者都是密封的包有馅料的面食,所以未加区分。而另一种说法是吃法决定了命名,在魏晋南北朝时,饺子煮熟后,不是单独捞出来食用,而是和汤一起盛在碗中食用,这种不加以区分的吃法,人们便称作"馄饨"。这很大程度上反映了饮食的特点,这种吃法一种延续到现在,一些地方仍然保留有这种吃法。"原汤化原食"即是对这种吃法的精准表述。

饺子

相传吃饺子是跟医圣张仲景有关,据传张仲景曾在长沙为官,告老还乡之时正值大雪纷飞的冬天,天气寒冷刺骨。张仲景看到很多百姓衣不蔽体,食不果腹,有不少人的耳朵都被冻烂了，他便吩咐弟子搭起医棚，把羊肉、辣椒和一些驱寒的药材放在锅里煮，煮熟后捞出剁碎，拌成馅料，然后用面皮包起来，包成像耳朵的样子，再放进锅中煮熟，并命名为"驱寒矫耳汤"，随后将它分发给众人，百姓吃后，顿觉温暖，而且耳朵也慢慢痊愈。此后，人们便纷纷效仿，一为纪念张仲景，二为"冬至吃了饺子不冻人"，遂把捏成"耳朵"形状的饺子作为一种习俗传下来。

而另一种说法则更为遥远，跟女娲造人之说有关。传说在盘古开天辟地之时，大地虽有了山川河流、鸟兽虫鱼，但没有人类。女娲为此用黄土造人。到了冬至那天，天气寒冷异常，黄土人的耳朵总被冻掉，女娲就在黄土人的耳朵上穿上小孔，用一条线穿过，在线的一端打上节，另一端塞进黄土人的嘴里，让黄土人咬住，这才保住了快被冻掉的耳朵。黄土人在冬至要咬住带线（馅）的耳朵，反映在食物上就是饺子。冬至吃饺子这一风俗便由此延续，目的是为了防止耳朵被冻掉。

在寒冷的冬至，馄饨和饺子无疑是最好的滋补食品。冬天天冷，消耗的热量大，应该注重食补，而馄饨和饺子是面食，搭配好馅料，就是最好的滋补食品。冬至吃馄饨和饺子可以说是寒冷天气里最能温暖人心的食品了。

汤圆亦是冬至的美食之一。在中国南方的大部分地区，有冬至吃汤圆的传统习俗，江南尤盛。汤圆是冬至必备的食品，是一种用糯米粉制成的圆形甜品。"圆"取意"团圆""圆满"。汤圆又叫"汤团"，冬至吃汤圆也被叫作"冬至团"。"家家捣米做汤圆，知是明朝冬至天"即是对冬至吃汤圆的表达。冬至团分粉团和米团两种。《清嘉录》载："有馅而大者为粉团，冬至夜祭先品也；无馅而小者为粉圆，冬至朝供神品也。"由此可见南方人对吃的讲究。冬至吃汤圆还有不少俗谚。"吃了汤圆大一岁"是指冬至作为岁首,寓意新的开始,冬至过年长一岁。

汤圆

此外还有冬至"搓丸"之说,即"冬至丸"。即在冬至前一夜,家家户户灯火通明,全家人聚在一起"搓丸",有红、白两种颜色,红色寓意家中添丁、家道红火,若家中有人当年新婚则红丸必不可少。还有用糯米捏成元宝、聚宝盆、小狗、小猪的形状,取其象征义表示庆贺。还有"丸子汤",即用搓好的丸子和合生姜、糖、水一起煮成。

南方的个别地区,冬至日饮食另有传统。江南地区有吃花糕、饮分冬酒的习俗。花糕在冬至前由"糖粉"所制,亲朋间相馈送,分冬酒是"里巷相与会饮"。苏州还有冬酿酒,其是一种米酒,加入桂花一起酿制,口味甘甜,气味含香。传统的冬酿酒多是在小雪后下缸,六十日入糟的酒为最佳。福建等地还有"添岁"与"饲耗"的习俗,做米丸祀神,家人团聚而食。"添岁"即是增加一年的意思,"饲耗"则是在门扉器物上各粘一米丸,用以祈求富足。

花糕

中国民间还有冬至夜吃赤豆糯米饭的习俗。关于它的由来,也有一段传说。传说共工氏有个不成才的儿子,平生作恶多端,最后死于冬至这一天,但死后变成疫鬼,继续残害百姓。人们发现疫鬼最怕赤豆,便在冬至这一天煮吃赤豆饭,用以驱避疫鬼。冬至另有糯米团的故事,说的是女儿思念父亲,在每年冬至时,用糯米做成糯米团,粘在门环上,祈求父亲归来团聚。

赤豆糯米团

除此之外,冬至还有吃狗肉、豆腐、年糕的习俗。据说吃狗肉的习俗源自汉高祖刘邦,因吃了樊哙煮的狗肉,而流传形成此俗。冬至食狗肉,用现代的观点来看,更大意义上是作为寒冷冬季的滋补。冬至吃豆腐,称为"豆腐节",则源自明刘伯温小葱拌豆腐的故事,取意一清二白,意喻明明白白做人。吃年糕也是冬至日的习俗。关于年糕的来历,据传是用做好的年糕喂饱前来找食物的怪兽,以保求平安。年糕谐音"年高",寓意人们的工作、生活等一年比一年高。

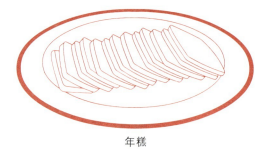

年糕

冬至节还有娱乐活动。因是冬天,在北方多有雪上和冰上的游戏,如堆雪人、打雪仗、滑雪橇、溜冰等,还有冬猎和冬捕。江南还有一种饮食占卜游戏,用以祈求生育。形式有二:一种是把搓好的米圆放在竹筛中,每次取两个,看最后剩几个,剩一个则寓意生子,两个则是生女。另一种是将用糯米做的"冬节圆"放在火上烤,如果胀而不裂则是生子,裂开则是生女。

冬至节诗词赏析

天时人事日相催,冬至阳生春又来。
刺绣五纹添弱线,吹葭六管动浮灰。
岸容待腊将舒柳,山意冲寒欲放梅。
云物不殊乡国异,教儿且覆掌中杯。

——杜甫《小至》

这首诗创作于诗人生活较为安定的时期,很明显能感到诗人的愉悦之情。字里行间都透露着作者在冬至前后的感情。又到了一年的冬至节,"冬至阳生春又来"一句堪称形容冬至的佳句典范,极其精炼地说明了冬至"阴极之至,阳气始生"的节气特点,其后又描写刺绣添线、葭灰占律这一冬至节中的具体节俗以描述冬至佳节,用河边的柳树即将泛绿、山中的梅花傲寒开放表现寒冷冬日里孕育的春天迹象。最后诗人借用渲染的这种氛围抒发内心的情感,虽身在异地,但这里的景致与故乡并没有什么不同,叫小儿斟上酒来,一饮而尽。情感挥洒在最后一语道破,而意境全开,虽有感叹寒冬,但心境大为不同。

亚岁崇佳宴,华轩照渌波。
渚芳迎气早,山翠向晴多。
推往知时训,书祥辨政和。

从公惜日短,留赏夜如何。

——皎然(《冬至日陪裴端公使君清水堂集》)

在僧人皎然眼中,冬至不仅仅是作为亚岁的佳节,还是赏景的好时候,此日陪同友人饮宴,是一种享受,看到阁楼映照在清波之上,水中的小洲氤氲着水汽,山中林木温暖着日光,这样的景致别样且富有情趣,最后一句更是道出了皎然超然的心境,冬至日白天虽短,但邀约友人赏夜更是一种游乐情趣。

邯郸驿里逢冬至,抱膝灯前影伴身。
想得家中夜深坐,还应说着远行人。

——白居易(《邯郸冬至夜思家》)

这首诗描写了作者在冬至日夜宿邯郸驿舍的思家之感。作者于冬至佳节夜宿邯郸的驿舍,晚上,抱着双膝坐在灯前,只有影子和自己相伴,显得是多么的孤独和寂寞。想起家中的亲人在今天会团聚在一起,或许他们会谈及我这个远在外地漂泊的人吧!此诗通俗易懂,情感溢于其中,朴实却真挚,流露出的是淡淡的思乡情和浓浓的怀亲意。

黄钟应律好风催,阴伏阳升淑气回。
葵影便移长至日,梅花先趁小寒开。
八神表日占和岁,六管飞葭动细灰。
已有岸旁迎腊柳,参差又欲领春来。

——朱淑真(《冬至》)

此词以冬至日特定的物象来代替冬至节俗,以"黄钟应律""葵影便移""八神表日"等来代替冬至,以此来描绘冬至的特点,即阴尽阳生。最后一句以河岸边的柳树来喻即将来到的春天,温婉之情由此自然而成。

> 去年此日身栖雪,今日依然雪裹身。
> 岁岁尽传阳已复,何曾一线及流民。
>
> ——释函可(《至日》)

这首诗表现了贫苦人民渴望得到温暖的心情。开篇以对比的手法描述了两年冬至的困苦,冬至是阳生之时,也意味着温暖的春天即将到来,但是对于穷苦的人们来说,阳春季节般的温暖是虚幻缥缈的,这是诗人借自己身世的无声控诉,语虽简但意深沉。

> 寒谷春生,熏叶气、玉筒吹谷。新阳后、便占新岁,吉云清穆。休把心情关药裹,但逢节序添诗轴。笑强颜、风物岂非痴,终非俗。
>
> 清昼永,佳眠熟。门外事,何时足。且团栾同社,笑歌相属。著意调停云露酿,从头检举梅花曲。纵不能、将醉作生涯,休拘束。
>
> ——范成大(《满江红·冬至》)

这阕词填得极富诗意,辞藻清新,意蕴优雅,独具温情。全词描写了寒冬季节,山谷里却一派生机,早已萌生了春意,蕙草初生新叶的香气宛如袅袅的笛音,若有若无地在山谷里弥漫开来。新阳初升,又是新一年的光景了,想来定是丽日纤云、天气清和的好年景。面对这样的景致,不应沉浸在愁苦中,而是投入这良辰美景中,赋新诗一首。诗人认为应陶醉其中,且不要强颜欢笑。白昼如此之长,睡眠也已充足,就更应该和志同道合的友人团聚在一起,一起调制云露酿,吟咏梅花曲,就算不能醉死梦生,也不必太过拘束。寒谷春生喻冬节物候,新叶微泛新绿,阳气始生,透露着无限新意,给人一派清新之感。如此好的景致自然要舒展心胸情感,莫将愁苦困在心中,恰逢佳节更应借着如此好的景致一展笑颜。心中欢愉,邀朋友一起纵酒,心无拘束。

参考文献

[1] 于石.中国传统节日诗词三百首[M].广州:广东人民出版社,2001.

[2] 王弘力.古代风俗百图[M].沈阳:辽宁美术出版社,2006.

[3] 王彦章.民俗传统与现代生活[M].2版.合肥:合肥工业大学出版社,2014.

[4] 田汝成.熙朝乐事[M].北京:中华书局,1991.

[5] 朱彝尊.日下旧闻[M].北京:国家图书馆出版社,2017.

[6] 仲富兰.图说中国百年社会生活变迁[M].上海:学林出版社,2001.

[7] 庄华峰.中国社会生活史[M].2版.合肥:中国科学技术大学出版社,2014.

[8] 刘侗,于奕正.帝京景物略[M].北京:北京出版社,2015.

[9] 李光庭.乡言解颐[M].北京:中华书局,1982.

[10] 李焕有.中国的传统节日[M].芜湖:安徽师范大学出版社,2012.

[11] 杨琳.中国传统节日文化[M].北京:宗教文化出版社,2000.

[12] 吴自牧.梦粱录[M].哈尔滨:黑龙江人民出版社,2003.

[13] 佚名.北京民间风俗百图[M].王克友,等译.北京:北京图书馆出版社,2003.

[14] 应劭.风俗通义校注[M].王利器,校注.北京:中华书局,2010.

[15] 张君.神秘的节俗[M].南宁:广西人民出版社,2007.

[16] 张勃,荣新.中国民俗通志:节日志[M].济南:山东教育出版社,2007.

[17] 陈元靓.岁时广记[M].北京:中华书局,1985.

[18] 尚秉和.历代社会风俗事物考[M].北京:中国书店,2001.

[19] 周密.武林旧事[M].杭州:浙江古籍出版社,2011.

[20] 宗懔.荆楚岁时记[M].太原:山西人民出版社,1987.

[21] 孟元老.东京梦华录[M].郑州:中州古籍出版社,2017.

[22] 赵东玉.中华传统节庆文化研究[M].北京:人民出版社,2002.

[23] 胡朴安.中华全国风俗志[M].长沙:岳麓书社,2013.

[24] 钟敬文.民俗学概论[M].上海:上海文艺出版社,2009.

[25] 秦永洲.中国社会风俗史[M].济南:山东人民出版社,2000.

[26] 顾禄.清嘉录[M].南京:江苏古籍出版社,1999.

[27] 徐珂.清稗类钞[M].北京:中华书局,2010.

[28] 高承.事物纪原[M].北京:中华书局,1989.

[29] 雪犁.中华民俗源流集成[M].兰州:甘肃人民出版社,1994.

[30] 崔寔.四民月令校注[M].石声汉,校注.北京:中华书局,2017.

[31] 韩养民,郭兴文.中国古代节日风俗[M].西安:陕西人民出版社,2002.

[32] 富察崇敦.燕京岁时记[M].北京:北京古籍出版社,2001.

[33] 潘荣陛.帝京岁时纪胜[M].北京:北京古籍出版社,2001.

后记

　　2014年春暖花开时节的某个下午,中国科学技术大学出版社杨编辑来到芜湖,商谈庄华峰教授领衔编写"漫画版中国传统社会生活"丛书事宜。本人研究方向之一为中国民俗文化,此前在浙江大学攻读博士学位时,曾经认真研读大量相关民俗资料,对于中国传统社会民俗较为熟悉,后在安徽师范大学开设通识教育课"民俗传统与现代生活",并曾主编出版教材《民俗传统与现代生活》,当时撰写的《世说清语:清朝生活图志》一书也接近完成,前期积累了较为丰富的资料与经验,因此,当杨编辑提出写作想法时便毫不犹豫地应允,并领取《节日风尚:文化的记忆》一书的撰写工作。

　　但是真正写作时发现,撰写难度远远超过预期,中间曾经数次调整方案,现在图书终于要和读者见面了。此时此刻,心里既有如释重负的轻松,又有诚惶诚恐的担忧。由于学识、阅历所限,书中肯定存在不少问题,欢迎相关学者、广大读者提出意见与建议,以期有机会对其进一步修改。

　　本书撰写借鉴了不少学者的研究成果,谨向这些学界同仁致以崇高的敬意和衷心的感谢。有些参考资料可能未能完全列出,特此表示深深的歉意。感谢杨编辑的精心筹划与热心支持,感谢庄华峰教授拟定方案、审定稿件,感谢庄唯老师为本书绘制的精美漫画,感谢为本书出版付出智慧与劳动的所有人士。